2년 만에 1400배 수익!

놀면서 부자 되는 NFT 실전투자

김정혁(dogotak)
이정진(eth_apple) 지음

유아이북스
For The Ultimate Information

머리말

"NFT는 그림에 불과한데 투자가치가 있어?"

"NFT는 사기 아니야?"

NFT 투자에 관심 있다고 말하면 종종 듣는 말이다.

인터넷에서 쉽게 다운받을 수 있는 픽셀 이미지에 큰돈을 주고 구매하고, 부가가치가 발생한다는 개념이 상식적으로 이해하기 힘들기 때문이다. 우리도 처음에 같은 생각을 했다. 투자자 입장에서 너무 많은 위험부담을 짊어져야 한다는 점도 동의한다. 가격 변동성도 크고, 정보의 비대칭성도 너무 심해 제대로 공부하지 않으면 큰돈을 잃을 수 있다.

NFTNon-Fungible Token, 대체 불가 토큰라는 용어를 접하고 시장 자금이 몰리는 2021년 말부터 투자에 관심을 가지게 됐다. 처음에는 월급보다 단 50~100만 원이라도 더 벌어보자는 차원이었다. 하지만 인터넷과 서점을 뒤져봐도 NFT 투자 자료들은 부족했다. 혼자 맨땅에 헤딩하는 느낌이었다. 여러 시행착오를 겪으면서 노하우가 생기고 투자의 틀이 잡혀 나갔다. 서로 어렵게 얻은 정보들을 한국 사람들끼리 공유했고, 그렇게 시작한 커뮤니티가 서치파이Searchfi였다.

서치파이에서 우리는 파운더와 멤버로 만났다. 서로 많은 이야기를 나누면서 NFT는 향후 미래의 새로운 먹거리이자 재테크 수단이 될 거라는 공감대가 생겼다. 대화를 나누다 우리가 겪은 경험들을 토대로 NFT 초기 진입자들을 위해 보다 쉽게 이해하고 투자할 수 있는 책을 만들어 보자고 결심했다.

시류에 편승하는 내용보다는 시간을 두고 언제든 꺼내 볼 수 있는 NFT 투자 바이블Bible을 만들고 싶었다.

1년간 집필 과정에서 빠르게 변화하는 NFT 시장 환경, 문화, 투자 방식 등을 반영하기 위해 여러 번 원고 수정을 반복했다. 암울한 침체기에는 과연 NFT가 투자 가치가 있을까 의구심이 든 적도 있다. 그럼에도 NFT는 성장 가능성이 무궁무진한 초입 단계이고, 시장이 정비돼 제도권 업체들이 진출하면 엄청난 기회가 올 거라는 확신을 점점 가지게 됐다. 다행히 2024년에 접어든 지금, 우리의 생각이 옳았다는 판단이 선다. 단적인 예로 2년 전인 2022년 초, 귀여운 펭귄 캐릭터인 퍼지펭귄 NFT의 가격은 약 6만 원 수준에 불과했다. 하지만 2024년 2월 현재 퍼지펭귄 NFT의 가격은 한국 돈으로 약 8400만 원에 달한다. 2022년 퍼지펭귄을 구입했다면

2년 만에 약 1400배의 수익률을 기록한 것이다. 책을 쓰기 위해 미국, 홍콩, 일본 등 해외에 퍼져 있는 수많은 NFT 관계자들과 토론하면서 시공간의 제약이 없는 웹3의 힘을 실감한 것도 좋은 경험이었다.

이 책은 NFT 투자라는 미지의 모험 세계를 여행할 모든 사람들에게 바친다. 함께 탐험하면서 건투하길 빈다.

개인적으로 감사의 말도 남기고 싶다.

아빠김정혁가 주말마다 방에서 뭐 하는지 궁금해했을 사랑스러운 나의 1호, 2호 나희와 시윤, 그리고 내 인생의 영원한 동반자인 혜신이에게 이 책을 바친다.

자식이 직장을 그만두고, 미래가 불확실한 NFT산업에 도전한다 했을 때, 걱정하셨던 이정진 필자의 부모님아버지 이은수, 어머니 권순원께도 지면을 빌어 감사함을 드린다. 이제는 누구보다 아들을 응원하고 지지하시는 분들이다.

마지막으로 운영진을 믿고 항상 응원해 주는 서치파이 커뮤니티 멤버들에게도 거듭 감사 말씀을 드리고 싶다.

김정혁, 이정진 함께 씀

목 차

part 03 NFT 실전 투자

NFT 투자 이유

01 수익률 최고! 초보자도 대박 가능

"혹시 집시Zipcy의 '슈퍼노멀'이란 거 알아? 한국 작가의 NFT 작품인데, 2021년 당시 민팅 가격이 0.08ETH암호화폐 이름, 이더리움Ethereum의 약자였는데, 6이더리움까지 갔지. 처음에 사전 청약이 가능한 사람들은 최대 2개까지 구매할 수 있었어. 당시 1이더리움이 약 400만 원이었으니 총 2개를 65만 원 주고 투자해 대략 4800만 원을 번 셈이야."

필자 중 한 명인 김정혁 팀장이 NFT 투자를 한다는 친구를 만나 술을 함께 마시다 들었던 내용이다. 그 자리에서는 "말도 안 되는 소리 하지 말라"면서 무시했다. 집으로 돌아오는 지하철에서 NFT 거래 사이트인 오픈씨https://opensea.io/를 검색해 보니 친구 말이 맞았다. 너무 놀라웠다. 어떻게 이런 일이 가능한 걸까?

암호화폐에는 관심이 있었지만, NFT에는 문외한이었다. 주위에 흘러가는 말들로 대략은 알았지만 이게 돈이 되는 재테크 수단이라는 건 와 닿지 않았다. 인터넷 검색으로 단순히 저장하면 되는 작은 픽셀 파일에 돈을 투자하는 것도, 나중에는 큰돈이 된다는 점도 '도무지' 이해되지 않았다.

하지만 NFT 투자로 돈을 번 친구를 옆에서 실제로 보니 NFT 세계가 궁금해졌다. 호기심이 발동해 그때부터 NFT 공부를 시작했다. 뉴스에서 한번쯤 접한 갖가지 NFT 자료를 찾아보고 분석했다. 신기한 세상이었다. 조금만 자세히 들여다보면 24×24의 작은 그림 파일에 사람들이 열광하고, 그 안에서 커뮤니티가 형성되고, 관련 비즈니스 모델이 형성되고 있었다.

공짜 투자로 200만 원을 벌다

소액이라도 직접 NFT 투자를 하기로 결심했다. 거래소에서 소량의 이더리움을 구매했다. NFT 투자에 필수인 메타마스크 개인 지갑을 설치했다. 첫 NFT 투자인 만큼 저렴하게 투자할 수 있는 NFT를 찾았다. 그러던 중 '쇼군워'라는 무료 NFT가 눈에 들어왔다. 트레저다오Treasure DAO라는 특정 NFT 집단에 소속돼 관리되는 NFT였다. 해당 집단에서 이미 발행한 스몰브레인, 브릿지월드 같은 NFT가 2이더리움까지 상승한 적이 있는 만큼 이 프로젝트에 대한 시장의 기대도 높았다. 쇼군워에서 진행한 여러 이벤트에 참여해 운 좋게 무료로 구매할 기회를 얻었다.

거래 당일 새벽, 설레는 마음으로 노트북 앞에 앉았다. 처음 시도하는 NFT 투자라 몇 번의 시행착오를 겪었지만, 무난히 2개를 구매했다. 몇 시간 뒤 설레는 마음으로 노트북을 열었다. 이미 NFT 가격은 0.5이더리움을 돌파해 있었다. 기쁜 마음에 1개를 매도했다. 공짜로 투자해 200만 원을 벌다니, 꿈같은 일이 벌어졌다! 그렇게 NFT 투자 여정은 시작됐다.

| 용어 정리

NFT는 Non Fungible Token의 약자다. 한글로 번역하면 '대체 불가능한 토큰'이라는 뜻이다. 의미가 쉽게 와 닿지 않는다면 예를 들어보자. 내가 친구에게 만 원을 빌렸다. 나중에 갚을 때는 같은 일련번호의 만 원 지폐가 아닌 만 원 지폐 아무거나 줘도 관계없다. 따라서 만 원 지폐는 대체 가능한 토큰이다.

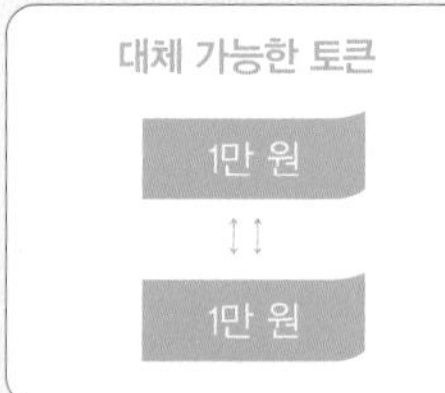

반면 내가 렌터카에서 1234 번호판의 자동차를 빌렸다고 가정하자. 내가 해당 렌터카를 사용한 뒤 반납 때 1234가 아닌 1235 번호판의 자동차로 반납할 수 없다. 반드시 동일 1234 번호판의 자동차를 반납해야 한다. 같은 차종이라도 주행 거리, 엔진 상태 등에 따라 자동차 가치가 다르다. 이게 대체 불가능한 토큰, NFT 의미다. 세상에서 단 하나의 고유한 특성을 지니고, 소유권 여부도 확인할 수 있다. NFT가 존재 가치를 갖고, 시장성 있게 거래되는 이유다.

02 거부할 수 없는 흐름, NFT로 몰리는 돈

	웹1.0	웹2.0	웹3.0
소통 방식	읽기만 가능	읽기 · 쓰기	읽기 · 쓰기 · 소유
운영 주체	회사 · 개인	거대 플랫폼	네트워크
인프라	개인컴퓨터	클라우드 · 모바일	블록체인 · 메타버스
운영·소유권	탈중앙화	중앙화	탈중앙화

▌ 세대별 웹 생태계 변화

메타버스Metaverse와 웹3.0Web 3.0은 TV나 미디어를 통해 근래 가장 많이 들어봤을 단어들이다. NFT는 이 웹3.0업계에선 통상 웹3이라고 부름과 그 생태계에서 진행될 메타버스와 밀접히 관련되어 있다. 향후 시장의 자금은 이곳으로 몰려들 가능성이 높다.

우선 웹과 메타버스의 의미부터 살펴보자. 웹은 망이라는 뜻이다. 우리가 인터넷에서 사용하는 WWW는 월드와이드웹World Wide Web의 약자다. 전 세계를 거미줄처럼 촘촘히 연결했다는 의미다. 이 웹의 단계를 사람들은 3단계로 분류한다.

웹1.0은 초창기 인터넷을 의미한다. 단순히 지식을 전달하는 일방형 통로였다. 웹2.0에서는 좀 더 진일보되면서 쌍방향 통로가 열렸다. 네이버 지식인처럼 서로가 정보를 묻고 답하는 시대가 됐다. 우리가 맞이하는 웹3.0 혹은 웹3은 여기서 다 나아갔다. 네이버, 카카오처럼 중앙화 플랫폼이 아닌 각자 개인에 맞춘 탈중앙화 플랫폼에서 서로 정보를 나누고, 즐긴다. 이를 뒷받침해 줄 인프라가 메타버스다.

메타버스는 가공, 추상을 의미하는 그리스어 메타Meta와 현실 세계를 의미하는 유니버스Universe의 합성어다. 우리가 아는 가상 세계와 비슷하지만 현실 세계와 맞물려 있다는 점에서 다르다. 예를 들어 현실에서 나와 같은 인물이 가상 세계에도 존재하고, 그 세계에서 직업을 갖고 영리 활동을 할 수 있다.

이런 가상공간에서 경제 활동을 가능케 한 캐릭터들이 NFT다. 예를 들어 특정 체인의 가상공간 내에서 가장 인기 있는 아이돌 가수 그룹을 보유하고 있다면, 이 아이돌 그룹은 블록체인을 통해 나만 소유권을 인정받을 수 있다. 다른 사람이 소유권을 주장해도, 스마트계약Smart Contract 상 확인되는 블록체인 내의 아이돌 그룹의 소유권은 바뀔 수 없다. 현실 세계처럼 정당한 대가를 지불하고 소유권이 이전돼야 한다.

가상 세계가 아웃사이더 너드Nerd, 바보 들만의 놀이터에 불과할까? 돈도 되지 않는 허상에 불과할까? 전혀 그렇지 않다. 이제는 단순히 개인만의 호기심을 넘어 굴지의 대기업들이 관심을 두고 몰려온다.

특히 NFT가 MZ세대들에게 인기가 많은 만큼 소비재 기업들이 메타버스 세계를 적극 공략한다. 한국에서는 이미 신세계, 롯데그룹이 NFT 시장의 문을 두드렸고, 해외에서도 세계 최대 스포츠 기업 나이키, 루이비통, 구찌, 포르쉐 등의 기업들이 NFT 시장에 진출했다.

실제로 나이키는 클론X로 유명한 아티팩트를 인수해 NFT로 2022년 약 1억 8500만 달러, 원화로 2400억 원이 넘는 돈을 버는 성과를 거뒀다. 기업은 이윤 극대화를 추구하는 곳이다. 이름만 들어도 알 만한 대기업들이 진출했다는 점은 향후 NFT가 가져올 비즈니스 기회와 성장성이 무궁무진하다는 의미다. 향후에는 캐릭터를 활용하는 NFT들이 주목받을 가능성이 커 게임업체와 애니메이션 스튜디오들의 관심도도 높아진 상황이다. 돈이 몰리는 곳에 돈 벌 기회가 보이는 법, 우리가 NFT 시장에 주목해야 할 이유다.

패션브랜드 구찌가 슈퍼플라스틱 NFT와 협업한 슈퍼구찌 프로젝트, 아트토이(Art Toy)로도 출시된 바 있다.

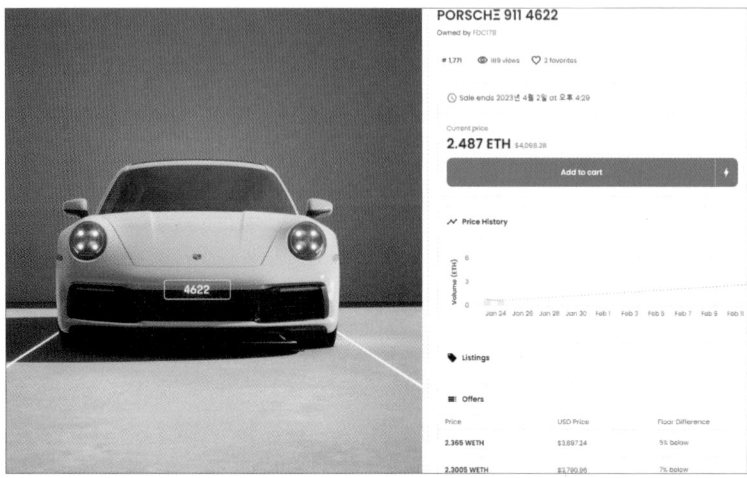

포르쉐에서 공식 출시한 포르쉐 NFT 홀더들은 가상 공간에서 포르쉐 주행 경험을 할 수 있고, 오프라인 이벤트에도 참여할 수 있다.

03 3000원이 1200만 원으로? 소액으로 누구나 '초대박 가능'

사람은 누구나 좋은 차, 좋은 집, 좋은 옷을 갖고 싶어 한다. 당연한 이야기지만 이런 욕구를 만족시키려면 돈을 벌어야 한다. 예전 세대에서는 대부분 부동산 투자를 통해 자산을 증식했다. 은행에서 대출받아 아파트를 구입하면 늘 아파트 가격은 상승해 왔다. 부동산 불패 신화였다. 그러나 요즘 서울 아파트 한 채를 사려면 평균 10억 이상의 돈이 필요하다. 대출을 받더라도 최소 수억 원은 있어야 투자할 수 있다. 취·등록세 납부, 등기 등 번거로운 작업도 많다. 기성세대뿐 아니라 젊은 세대들도 쉽게 접근하기 어렵다. 주식은 부동산보다는 상대적으로 적은 돈으로 투자할 수 있지만, 역시나 큰돈을 벌려면 어느 정도 종잣돈이 있어야 한다.

NFT의 장점은 아주 소액으로도 참여할 수 있다는 점이다. 심지어 공짜로도 투자가 가능하다. 싼 게 비지떡이 아니다. 무료 NFT가 큰 성공을 거둔 사례들이 종종 있다.

대표적인 사례가 고블린타운Goblin Town이다. 고블린타운은 2021년 8월 무료로 프로젝트를 진행해 최대 5이더리움까지 올랐었다.

최고점에 판매한 사람들은 공짜로 투자해 1500만 원 이상을 번 셈이다. 만약 1개가 아니라 10개를 투자해 고점에 팔았다면 그 투자자는 1.5억 원을 벌 수 있었다.

2023년 1월에 발행한 Love Like A Cat LLAC 라는 일본 프로젝트는 예비 투자자들이 3000원만 있으면 구매할 수 있었고, 이 NFT는 1달 뒤 최대 4이더리움 한화 약 1200만 원 까지 급등했다. 2023년이 암호화폐와 NFT 약세장이었던 점을 감안하면 큰 성과다.

물론 이런 프로젝트들은 쉽게 정보를 확인하긴 어렵다. 무료라고 해도 사전 청약권을 얻기 힘든 프로젝트들도 있었다. 몇몇을 제외하고 대부분의 무료 NFT 들은 큰 수익을 남기지 못한 채 사라지기도 했다. 그럼에도 NFT는 부동산과 주식처럼 머리를 움켜쥔 채 고민하지 않고, 웃고 즐기면서 투자할 수 있는 장점이 있다. 오늘을 즐기는 MZ세대에게는 너무 매력적인 투자처다.

04 노래, 게임으로 즐기며 돈을 번다

NFT를 구매하는 방법은 1차와 2차 시장 두 가지다. 1차 시장은 발행 시장이고, 2차 시장은 발행을 통해 상장된 뒤, 거래소를 통해 사고파는 형태다. 아무래도 1차 거래가 리스크 없이 돈을 벌 수 있다. 상장하자마자 소위 '떡상'하는 상장 빔Beam을 노린다는 점에서 주식 시장과 비슷하다.

NFT 1차 시장에서 주목할 특징은 '화이트리스트Whitelist, 속칭 '화리'' 제도다. NFT 팀은 프로젝트를 정식 출시하기에 앞서, 프로젝트를 열심히 대내외적으로 홍보하고, 프로젝트 커뮤니티 활성화에 기여한 사람에게 청약 우선권을 부여한다. 이를 '화이트리스트'라 부른다. 화이트리스트를 받으면 1차 발행시장에서 가장 먼저, 저렴한 가격에, 낮은 경쟁률로 참여할 수 있다. 인기가 높은 프로젝트는 화이트리스트 자격 요건을 엄격히 관리하고, 공모Public 수량을 최소화하므로 화이트리스트를 확보하는 건 돈 버는 지름길이나 다름없다.

핵심은 화이트리스트를 얻는 방식이 주식 공모주 청약처럼 결코 자금력이 아니라는 점이다. NFT는 즐기면서 투자할 수 있는 문화라고 했다. 실제로도 즐기는 사람이 화이트리스트 획득에 유리하다. 예시로 노래자랑 대회에 참가해 순위권에 들면 화이트리스트를 받을 수 있다.

게임을 잘해도 된다. 테트리스, 포커, 빙고 등 이미 익숙한 게임들로 진행하는 이벤트에서 1등 해도 화이트리스트를 받을 수 있다. 럼블Rumble이라는 게임은 라운드별로 지원자 간 싸움이 이뤄지면서 참가자들을 탈락시키는 녹다운Knockdown 제도다. AI로 자동으로 진행되는 게임으로 100% 운에 달려 있지만 그만큼 가장 쉽게 화이트리스트를 얻을 수 있다.

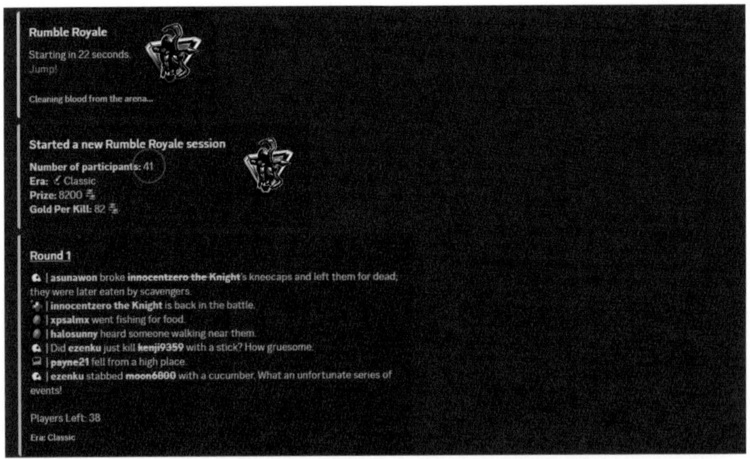

로얄럼블 게임 장면. 교차된 창 버튼을 누르면 참여할 수 있고, 41이라는 숫자는 게임에 참여한 인원을 의미한다.

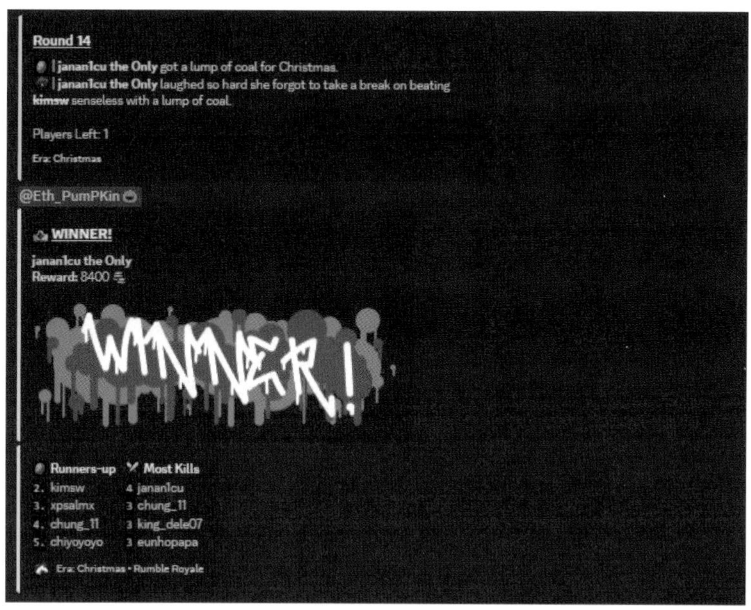

로얄럼블 게임은 1명이 남을 때까지 자동으로 진행되며, 마지막 남은 1명이 최종 승자가 돼 화이트리스트를 받는다. 상황에 따라 가장 많이 죽인 참여자(Most Kills)도 받을 수 있다.

그림을 잘 그려도 된다. 아이패드나 갤럭시탭으로 해당 NFT 프로젝트의 디지털아트Digital Art를 본인만의 느낌으로 재해석해 그린 걸 팬아트Fan-art라고 부른다. 이 팬아트를 디스코드 팬아트 채널에 업로드하면 팀에서 선별해 화이트리스트를 받을 수 있다. 0.2이더리움으로 민팅해 0.8이더리움까지 상승했던 요가펫은 한때 팬아트로만 화이트리스트를 선정하기도 했다.

그림 실력도, 노래 실력이 부족해도 실망할 필요 없다. 트위터나 디스코드 채널에서 꾸준히 프로젝트를 홍보하거나 새롭게 유입되는 유저들에게 친절하게 설명해 주는 것으로도 화이트리스트를 받을 수 있다. 딱딱하게 접근할 필요는 없다. 즐기고 놀면서 화이트리스트를 얻어가자. '진지충'은 안녕이다.

캔디걸 NFT 프로젝트의 팬아트(Fan-art). 참여자들은 이런 팬아트를 통해 프로젝트의 관심을 표현하고, 프로젝트는 반응이 좋은 팬아트 참가자에게 화이트리스트를 부여한다.

05 앞으로 3년 기대, 어떤 자본시장보다 무섭게 급성장

NFT 시장 거래 규모는 2024년 1월 기준 최근 3개월 간 일 평균 약 200~300억 원 수준에 그친다. 금액 자체도 적지만 시장 상황에 따라 편차도 큰 편이다. 한국 주식시장의 일 평균 거래대금이 수조 원이라는 점을 감안하면 굉장히 낮은 유동성이다. 하지만 발전 속도는 그 어떤 자산시장보다 빠르다. 하루에 수백 개 신규 프로젝트가 쏟아지고, 패러다임도 금방 바뀐다.

앞서도 언급했듯 대기업들은 NFT와 연계해 게임, 애니메이션, 캐릭터굿즈Character goods를 제작해 지적재산권IP 활용을 서두르고 있다. NFT 홀더들은 이 수익금의 일부를 돌려받는 구조다. NFT 부가가치가 확장되고 있는 셈이다. 따라서 NFT의 성장세는 지난 3년 간 성장 속도보다 앞으로 3년의 성장 속도가 더 가파를 것으로 보인다. 원래 안정화된 시장보다는 급성장하는 시장에서 먹을 게 많다.

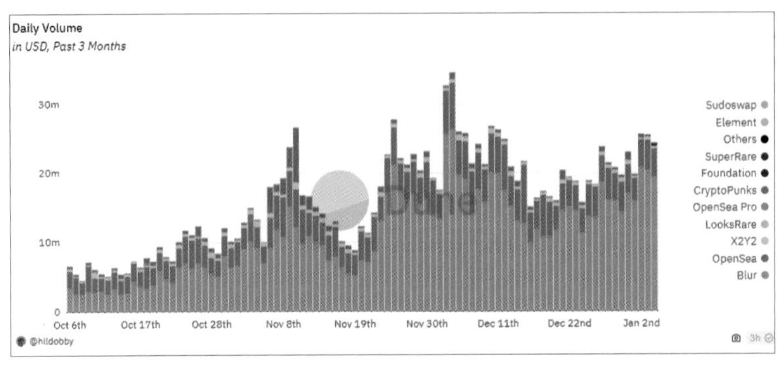

2023.10~2024.1 NFT 일별 거래대금 추이, 아직은 하루 거래대금이 약 200~300억 원 거래되는 수준에 그친다.

그리고 또 하나 중요한 점이 있다. 초기 시장이라 단순히 돈이 된다는 점을 떠나 NFT는 웹3 세계에서 매우 중요한 역할을 할 가능성이 높다. 지금 당장은 불편하고 의미 없는 서비스로 보이지만, 5~10년 뒤에는 우리 생활 깊숙이 자리한 중요한 생활 기능이 될 수 있다.

초기 인터넷은 너무 느리고, 자주 연결이 끊기는 불편한 서비스였다. 온라인으로 결제하려면 여러 인증 단계를 거쳐야 하고, 입어보지도 않고 옷을 산다는 건 멍청한 짓으로 여겨졌다. 하지만 이제 인터넷은 없어서는 안 될 존재가 됐다. 쿠팡이 이마트보다 매출이 더 크고, 사람들이 즐겨 찾는 서비스가 됐다. 클릭 한 번으로 해외 유명 브랜드 옷이 일주일 만에 집 앞으로 배송된다.

NFT도 마찬가지다. 지금은 너무 불편하고, 문제도 많은 서비스다. 하지만 웹3.0 시대의 메인 스트림이 될 가능성을 무시할 수 없다. 작은 진전은 이미 우리 실생활에 조금씩 적용되고 있다.

2022년부터 '헬로 NFT'라는 행사를 매년 기획했던 신영선 씨는 2023년 NFT 구매 티켓을 카드 결제, 현금 결제가 아닌 온라인 개인지갑을 통해 구매하도록 했다. 이 과정에서 NFT 개인 지갑 활용이 익숙지 않은 사람들로부터 많은 비판을 받았다. 그에 대해 신영선 씨는 트윗에서 이런 의견을 냈다. 우리가 귀담아들어야 할 대목이다.

"NFT 티켓이어야만 하느냐? 이는 TV가 있음에도 불편한 인터넷으로 꼭 방송을 해야 하나와 비슷한 의미다. 이번 행사를 통해 현장에서 카드 결제 과정 등이나 종이류 쿠폰 존재를 완벽하게 없앴다는 점에서 기존 오퍼레이션의 많은 비효율을 없앨 수 있는 가능성을 봤다고 판단한다. 또한 NFT 티켓 보유 현황 증명을 통해 향후 추가 티켓 화이트리스트 부여나 다양한 커뮤니티 활동으로의 연계도 개인정보 확보 없이 훨씬 더 쉬워질 것으로 판단한다. 2차 거래 이슈티켓 위조 등도 거의 해결할 수 있다."

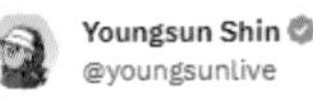

Youngsun Shin
@youngsunlive

작개님 소중하게 시간내주시고 피드백 해주셔서 감사드려요! 한줄 한줄에서 진심으로 고민하고 디테일하게 분석하신 것이 느껴집니다.

핑거랩스 쪽에서는 저희의 행사를 위해서 최선을 다해서 짧은 시간안에 많은 지원을 아끼지 않으셨어요. 스폰서여서 억지로 사용한 것은 절대 아니고 (스폰서를 안받았으면 안받았지, 의미가 없다고 생각했으면 진행하지 않았을 것입니다. 핑거랩스 측도 100% 마찬가지셨기 때문에 흔쾌히 기술지원 등을 해주신 부분이고요) 이런 형태의 현장 구현을 도전해보는 것이 그 자체로 큰 의미가 있을 것이라고 판단해서 어렵지만 한번 함께 시도해보게 되었습니다.

말씀 주신 대부분의 이슈들은 IRL -> 온체인을 이어나가는 과정에서 핑거랩스측이 아닌 저희팀의 부족에서 나오는 미숙함이었어요. 이 부분에서 현장에서 큰 불편함을 느끼셨다면 제가 진심으로 머리숙여 사과를 드리겠습니다. 결국 사용해보면서 개선점 발견과 성장을 엄청나게 많이 하게 되는 부분이고 오늘 작개님이 적어주신 것처럼 정말 임팩트가 있을 개선점들을 피부로 느끼고 발전시켜나갈 수 있을 것 같습니다!

왜 NFT 티켓이어야만 하느냐? 는 처음 느려터진 웹1 인터넷이 나왔을때 왜 라디오도 있고 티비도 있는데 더 불편한 인터넷으로 꼭 방송을 해야하는가? 를 이야기 하는 것과 조금 비슷하다고 느낍니다. 저희는 미래를 보고 만드는 사람들이기 때문에 현재와 미래사이에 간극이 있는 것은 어쩔 수 가 없고, 우리가 그리는 미래가 이뤄지지 않을 수도 있겠지만 그 간극을 메꾸는 도전을 함께 해나가고 있다고 생각합니다.

그리고 당장 이 행사만 하더라도, 프로퍼티에 이런 것들을 담아냄으로 인해서 현장에서 결제플로우나 지류 쿠폰등의 존재를 완벽하게 없애버렸다는 의미가 있었습니다. 실시간으로 프로퍼티에서 내가 가지고 있는 잔량을 확인할 수도 있었고요. 아직은 이런 이용방식이 익숙하지 않다보니 많은 부분이 불편할 수 있지만, 이번 행사가 어떤 면에서는 기존의 오퍼레이션의 많은 비효율을 없앨 수 있는 가능성을 보였다고 생각합니다. 또한, 가드님이 말씀해주신 것 처럼, NFT 티켓을 계속 보유함으로 인해서 자연스럽게 토큰게이팅된 향후 티켓 화이트리스트나 다양한 커뮤니티활동으로 연계도 개인정보 확보 없이 훨씬 더 쉬워진다고 생각합니다. 2차 거래에 대한 이슈 (지류티켓 위조 등) 도 거의 상쇄할 수 있고요.

헬로NFT 행사를 주관해온 신영선 씨. 트위터를 통해 매표를 현금 카드가 아닌 NFT로 진행한 이유를 설명했다.

interview

국내 최대 NFT 알파 커뮤니티 설립자, 이정진 서치파이 Searchfi 대표

다니엘 알레그레 유가랩스 대표(좌)와 이정진 서치파이 대표(우)

이정진 대표와 서치파이

서치파이는 NFT 투자 아이디어들을 공유하는 온라인 모임인 일명 '알파 커뮤니티'다. 2022년 4월 디스코드 채널 오픈을 통해 설립됐다. 국내에서 가장 먼저 누적 인원 10만 명을 돌파하며, 유력 경제지 기사에까지 언급된 국내 최대 NFT 커뮤니티다. 현재는 구성원의 87%가 외국인일 정도로 글로벌 커뮤니티이자 해외 유명 NFT 미디어에서 발표하는 NFT 알파 커뮤니티이며 순위에서도 상위에 속한다.

Q. 어떻게 NFT 시장에 관심을 갖게 됐나?

어릴 적부터 투자에 대한 관심이 많아 국내·외 주식과 같은 다양한 투자 상품을 주로 공부했다. 블록체인이라는 기술을 알게 되면서 NFT 가치에 대한 흥미가 높아졌고, 이를 중점적으로 공부하게 됐다.

Q. 투자 수익률은 어땠나?

NFT 시장 강세 기간인 2021~2022년에 집중적으로 투자해 젊은 나이에 상당한 수익을 얻었다.

화이트리스트Pre-sale를 받고 투자하면 무조건 돈을 버는 시장이었다. 집시라는 NFT의 경우, 화이트리스트 참여 가격은 0.088이더리움한화 35만 원이었지만, 최고점은 6이더리움한화 2400만 원에 다다를 정도였다. 69배가 넘는 수익률이다. NFT 시장은 아직 태동기고, 더 성장가치가 높다고 판단, 체계적으로 운영해보자는 생각을 했다. 마침 해외에는 이미 수많은 NFT 알파 커뮤니티가 형성돼 자리 잡아가는 트렌드를 확인했다.

Q. NFT 알파 커뮤니티 서치파이가 탄생하게 된 배경인가?

그렇다. 서치파이가 만들어지고, 커뮤니티라는 그룹으로 움직이니, 화이트리스트를 받아올 힘이 생겼다. 화이트리스트를 받는 경쟁이 치열하니, 화이트리스트 수령 개수에 따라 NFT 알파 커뮤니티의 위상이 외부에서 평가받는다. 특히 협업이 어려운 프로젝트의 화이트리스트를 받으면 NFT 커뮤니티의 위상이 많이 올라가게 된다. 나는 해외 NFT 파운더들과 자주 연락하고 소통하면서 단기간에 힘을 키울 수 있었다. 남들은 흉내 낼 수 없는 노하우가 있다. 좋은 NFT 화이트리스트를 가져온다는 입소문이 나면서 커뮤니티 가입자 수가 많아지고, 여러 실력자 분들도 가입하면서 지금의 10만 명이 넘는 NFT 커뮤니티로 성장했다.

Q. 웹3에서는 어떤 점들이 가장 중요하다고 생각하나?

커뮤니티다. 웹3에서 커뮤니티는 프로젝트의 성공과 지속적인 개발에 큰 영향을 미치는 중요한 역할을 한다. 특히, 사용자와 팀 간의 소통은 투자자에게 신뢰를 제공하고, 신규 투자자를 유치하며, 장기 홀더들을 육성하는 핵심 전략이다. 유명 NFT 프로젝트인 아주키Azuki와 두들스Doodles를 비교해 보자.

과거 아주키의 희귀 속성인 스피릿 아주키는 100이더리움 이상 가격에 거래됐다. 그러나 아주키 NFT의 위기가 찾아올 때마다 스프릿 홀더들이 중심이 된 스피릿 다오DAO, 중앙에서 관리하는 주체 없이 자율적으로 투표하고 의사 결정을 해 운영하는 조직는 희귀 속성 스피릿을 70이더리움 미만에 판매한 뒤 가격이 저렴한 일반 속성 아주키들을 10개 이상 구매해 가격을 방어했다. 팀의 요청이 아닌 커뮤니티의 자발적인 참여로 이뤄졌다.

반면 두들스는 한때 20이더리움을 넘어섰지만 지금은 2이더리움에도 못 미친다. 설립자가 "두들스는 더 이상 NFT 프로젝트가 아니다"라고 말한 게 기폭제가 되어 커뮤니티 요구 사항 이해 실패 등에 대한 커뮤니티의 불만이 쏟아져 나왔고, 이에 대한 소통도 원활하지 못해 강성 홀더들조차 떠나면서 커뮤니티 결속력 약화로 이어졌다. 커뮤니티의 역할은 가격 안정 기능뿐만 아니라 프로젝트의 방향을 결정한다는 걸 현장에서 느낀 계기가 됐다.

Q. 여러 나라를 다니면서 컨퍼런스를 다니고 있다고 했는데, 어떤 점을 느꼈나?

작년부터 일본, 홍콩, 태국, 대만 등 여러 국가들을 다니면서 NFT업계 종사자와 설립자Founder들을 만난 건 큰 자산이 됐다. NFT는 시간과 장소 구애를 받지 않는 웹3 문화지만 실제로 서로 만나며 대화를 나누는 네트워킹 과정이 매우 중요하다고 생각한다. 향후 협업 기회 측면에서도 훨씬 유리하고, 다양한 문화에서 오는 다양한 인사이트를 얻으면서 서로를 더 이해하고, 비즈니스 기회도 많아진다고 믿는다.

Q. NFT는 '실체가 없는 자산이다', '도박성이다' 이라는 지적에 대해 어떻게 생각하나?

일부는 동의한다. 그동안 '묻지마 투자'가 횡행하는 것도 사실이다. 하지만 나는 이런 현상이 NFT가 하나의 투자 자산시장으로 인정받는 성장통이라 생각한다. 해외 NFT 프로젝트 팀들과 교류하면서 느낌 점은 예전과 달리 많은 자본, 잘 짜인 조직 등 프로젝트들이 점차 체계를 갖추며 진행한다는 것이다. 좋은 프로젝트를 발굴하고, 그런 블루칩에 투자하면 NFT도 꾸준히 돈을 벌 수 있는 투자 자산이라고 확신한다. 주식 시장에도 블루칩이 있듯이, NFT 시장에도 크립토펑크, BAYC, 아주키 등 블루칩이 존재하고, 앞으로도 점점 늘어날 것이다. 장기적 관점이 필요하다.

Q. NFT 투자를 시작하려는 분들에게 조언한다면?

집단지성의 힘을 믿으라고 말하고 싶다. 혼자서 고민하기 보다 여러 사람들과 대화하고 정보를 교환하면 미처 생각하지 못했던 아이디어와 정보들을 얻게 된다.

한국에도 좋은 알파 NFT 커뮤니티가 많이 있다. 혼자서 맨땅에 헤딩하면서 투자하기에는 NFT 시장은 체크해야 할 부분들이 너무 많다. 시장 변화도 너무 빠르다. 여러 사람들, 특히 커뮤니티 안에서도 능력이 출중한 분들과 대화하다 보면 본인도 모르게 성장하는 걸 느끼게 된다. 이런 인프라를 최대한 활용하면서 시행착오를 줄여 나갔으면 좋겠다.

Q. NFT 시장에서 추천할 프로젝트가 있다면?

게임파이GAME-FI NFT라고 생각한다. NFT 단어를 굳이 안 써도 이미 게임에서는 블록체인 요소들이 부분 도입되고 있다. 실제로 많은 웹2 게임 회사들이 웹3 블록체인 시장 진출을 위한 개발에 집중하고 있고, 곧 대중화될 것으로 판단한다. 블록체인 게임은 투명성과 거래 측면에서 기존 게임을 발전시킬 힘을 갖고 있으며, 게임 경제에 초점을 맞춘 웹3 게임이 곧 출시될 것이라 본다. 웹2에서 성공을 거둔 탑티어Top-tier 게임들은 이미 게임 경제를 갖추고 있고, 사용자들도 이미 많은 거래를 통해 얻은 희귀 아이템과 재화를 매매 중이다. NFT화 된 희귀 아이템과 재화를 게임회사가 아닌 사용자가 소유권을 얻어 수익을 얻을 수 있다면 매력적이라 생각한다.

NFT 투자 이유가 공감됐다면,

이제 NFT 투자를 위한 기본지식을 알아보자.

NFT가 어떻게 탄생해 발전했는지 알아보고,

NFT 관련 용어와 지갑 생성 과정 등을 천천히 배워보자.

PART 02

NFT 투자 준비

01 NFT 기본지식과 역사

NFT 종류는 멤버십, 게임, PFP_{Profile Picture} 등 다양하다. 하지만 초창기는 디지털아트가 대부분이었다. NFT 자체가 미술 작가들의 작품을 세상에 보다 쉽게 공개하고 판매하도록 하자는 취지에서 시작됐기 때문이다. 그래서 NFT도 개발자가 아닌 한 예술가의 아이디어에서 시작됐다. 뉴욕대 예술 교수인 케빈 맥코이Kevin McCoy가 그 주인공이다. 맥코이는 2012년 비트코인 온라인 포럼에 가입한 뒤 '비트코인은 디지털 형태로 어디에서나 고유하고 소유 가능한 형태로 존재한다'는 사토시의 아이디어에 매료됐다. 디지털아트 작가들이 이 기술을 활용할 수 있다면 또 하나의 시장이 개척될 것이란 기대감이 컸다. 사토시 아이디어를 디지털아트에 어떻게 적용할 지 고민하다 애닐 대시라는 프로그래머를 만나게 된다.

예술대 교수 관심에서 태어난 첫 NFT, 퀀텀

애닐 대시는 맥코이가 특정 종류의 메타데이터를 블록체인에 기록해 최초 제작자와 소유권을 검증할 수 있는 프로토콜을 개발해 냈다. 2014년 뉴욕 현대 미술관에서 이를 처음 공개하며 지구상의 첫 NFT, 퀀텀Quantum이 탄생한다. 퀀텀은 질량 최소 단위라는 의미로, 비트코인의 최소 단위인 사토시와도 상통한다. 출시 당시에는 NFT 표현 대신 '수익화 된 그래픽'Monetized Graphic'으로 불렸다.

이 작품은 최초 NFT라는 상징성을 인정받아 2021년 6월 소더비 경매에서 140만 달러에 낙찰됐다. 맥코이는 퀀텀 이후 예술 작품 토큰화를 위해 많은 노력을 기울였으나 세상의 반응은 시큰둥했다. 그러다 2017년, 맥코이의 아이디어가 세상에 널리 전파되기 시작했다. 이더리움의 스마트계약 기능이 출시되며 디지털 소유권, 희귀성 등의 난관에 부딪혔던 문제들이 구현 가능해졌기 때문이다.

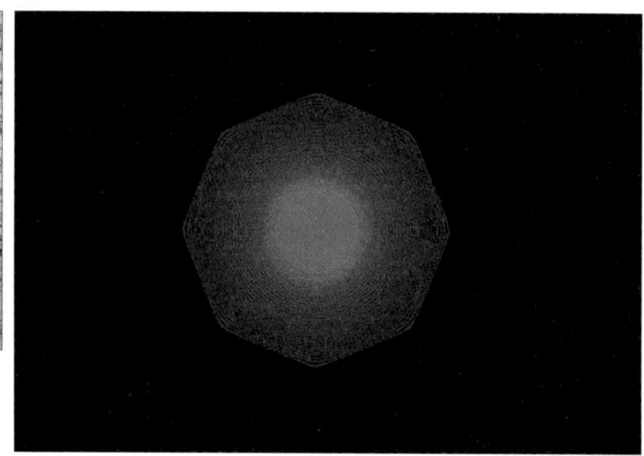

뉴욕대 맥코이 교수(좌)가 세상에 내놓은 최초의 NFT 퀀텀(우)

NFT를 얘기할 때 가장 먼저 언급하는 NFT는 크립토펑크다. 2017년 7월 출시된 크립토펑크는 현재까지도 가장 비싼 가격을 유지하는 최고의 블루칩이다. 그만큼 크립토펑크가 미친 상징성이 크기 때문이다. 크립토펑크는 개별 토큰을 식별해 내고, 소유자도 확인할 수 있는 기술을 도입했다. 기존 ERC-20ERC는 Ethereum Request for Comment의 약자로 뒤에 붙는 숫자는 이더리움 개발 커뮤니티에서 몇 번째 요청사항인지 나타낸다은 대체 가능한 토큰으로, NFT 각각의 고유성을 검증하기가 어려웠다. 하지만 일부 코드 수정을 통해 각 NFT의 고유성을 구분할 수 있게 했다. 전면적 수정은 아니었지만 현재 NFT 기술로 일반화된 ERC-721 코드의 근간을 마련했다는 점에서 의의가 크다.

Sale	CryptoPunk #2924 CryptoPunks	3,300 ETH $6,369,825.00	--	1	DANNYSEC...	9045DE	10mo ago ...
Sale	CryptoPunk #4156 CryptoPunks	2,691 ETH $5,194,302.75	--	1	zoomc	NullAddress	1y ago
Sale	CryptoPunk #4464 CryptoPunks	2,500 ETH $4,825,625.00	--	1	33EAAE	zoomc	1y ago
Sale	CryptoPunk #5577 CryptoPunks	2,501 ETH $4,827,555.25	--	1	9C9113	Dr_Dumpling	1y ago
Sale	CryptoPunk #4156 CryptoPunks	2,500 ETH $4,825,625.00	--	1	4156	TheReal4156	2y ago
Sale	CryptoPunk #5217 CryptoPunks	2,250 ETH $4,343,062.50	--	1	Snowfro	8F7CEE	2y ago
Sale	CryptoPunk #2140 CryptoPunks	1,600 ETH $3,088,400.00	--	1	497059	VeeFriends...	2y ago

크립토펑크 NFT 고가 거래내역, 2250~3300이더리움까지 있다. 원화로 환산하면 67~100억 원 사이이다.

크립토펑크 외 또 하나의 역사성을 갖는 NFT는 크립토키티CryptoKitty다. 가장 먼저 NFT 대중화에 기여한 프로젝트라는 평가다. 2017년 11월 공개된 이 NFT는 고양이를 키우는 게임이었다. 투자자가 가상의 고양이를 키우다 교배시키고, 이를 다시 시장에 판매할 수 있었다. 새로 태어난 고양이는 각자 다른 특성을 가지고, 희귀도Rarity에 따라 판매 가격도 천차만별이었다. 희귀도가 높은 상위 랭크 NFT는 우리 돈 1억 원 이상에 거래되기도 했다. 지금은 거래도 거의 없지만, 당시에는 교배를 통해 탄생한 NFT의 희귀도가 다르고, 희귀도에 따라 다른 가격으로 거래된다는 점은 시장에서 센세이션을 불러일으켰다.

교배를 통해 탄생한 NFT 희귀도에 따라 천차만별의 가격으로 거래됐던 크립토키티

02 NFT 최근 트렌드 익히기

미래 산업으로 인정받는 NFT

NFT는 이제 세계 각국에서 하나의 산업으로 인정받는 과정에 있다. 다양한 오프라인 행사들이 세계 주요 도시에서 개최 중이다. 그 중 미국이 가장 앞선다. 매년 봄 세계 최대 도시 뉴욕에서는 NFT.NYC라는 행사가 열린다. 전 세계 주요 NFT 관계자들이 참여해 NFT 시장 흐름과 향후 과제들을 논한다. 이 행사는 주요 NFT들이 뉴욕 타임스퀘어 전광판에 홍보되면서 일정이 시작된다. 유명 NFT 거물들이 연설자로 참여하고, 다양한 시상식도 진행된다. 올해로 4회차를 맞는 NFT.NYC는 이제 명실상부 세계 최대 NFT 행사로 자리매김했다.

유럽도 뒤질세라 NFT 행사들을 진행 중이다. 프랑스는 NFT Paris 행사를 2022년부터 시작했고 2023년 개최된 행사에는 NFT 연사만 100명, 참가 인원도 1만 명에 육박했다. 미래 트렌드를 제시하는 스피커Speaker 세션 외 NFT 전시회, 몰입형 메타버스 체험 등 NFT 일반 투자자들이 공감할 이벤트들도 많이 개최했다.

캐릭터 산업이 가장 발전된 일본도 NFT 산업에 주목한다. 2023년 7월 일본 오사카에서 열린 NFT 콜렉션 행사에는 'teamz_inc', 'zielchain', 'aoproo' 등 일본을 대표하는 NFT 프로젝트 및 유명기업들이 대거 참여했다. NFT 하락장으로 주춤했던 다른 도시들과 달리 오사카 행사는 대성황으로 끝났다. 일본정부의 관련 사업 지원 강화 발표 등으로 일본인들의 NFT 투자 붐이 조금씩 확산되는 분위기다.

한국도 서울, 부산을 돌며 NFT 행사들이 꾸준히 개최되는 중이다. 2023년 3월에는 동대문디자인플라자DDP에서 NFT 전용 행사가 열리면서 글로벌 NFT 아트 작가들의 작품이 전시됐고, 2023년 9월 신라호텔에서 열린 코리아 블록체인 위크KBW에서도 다양한 NFT 행사들이 개최됐다.

뉴욕 타임스퀘어에서 진행되는 NFT.NYC 행사 전경(좌)과 파리에서 진행된 NFTParis 포스터(우)

한국 동대문디자인프라자(DDP)에서 개최된 NFT 코리아 페스티발(NFT Korea Festival) 2023

캐릭터 선진국, 일본의 관심

일본은 애니메이션과 캐릭터 세계 최강대국이다. 헬로키티, 드래곤볼, 슬램덩크 등 독보적인 메가히트 캐릭터와 작품 판권을 보유했다. NFT와 캐릭터 산업은 시너지가 큰 분야임에도 불구하고 그동안 일본의 NFT 시장 규모는 매우 작았다. 일본 정부에서 부과하는 높은 양도세율약 50%, 시장 트렌드에 민감하지 않는 일본 특유의 정서, 영어에 배타적인 문화 등이 세계화로 진행되는 NFT 시장과는 거리가 있었다.

하지만 이런 일본 NFT 문화에 새 지평을 연 사람이 있다. 주인공은 바로 이케하야イケハヤ, 본명 이케다 하야토다. 이케하야는 원래 전업 블로거 및 교육을 테마로 한 유튜버였다. 사업 수완이 남달랐던 그는 일러스트레이터 Rii2와 함께 2021년 크립토 닌자라는 NFT를 출

시한다. 일본의 전통 첩보조직 닌자를 형상화해 35개만 판매했다. 극소수에게만 판매한 뒤 그들에게 NFT 화이트리스트 제공, 투자 정보 등 다양한 서비스를 제공해 인기를 얻은 다음, 그 성공을 발판으로 후속 시리즈들을 발행해 나갔다.

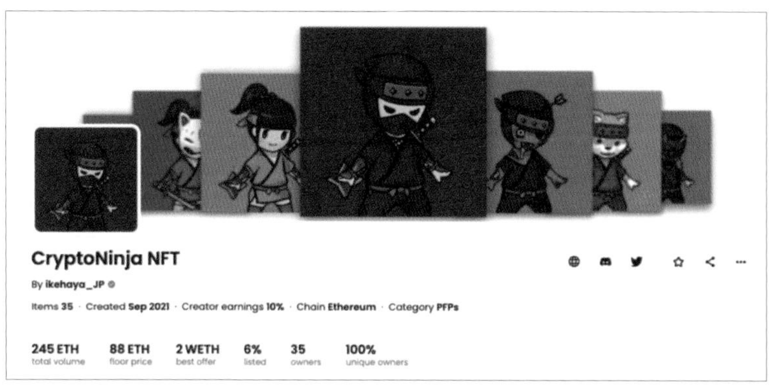

일본 NFT 시장의 선구자 이케하야가 2021년 9월 첫 발매한 크립토닌자 NFT

이케하야는 NFT는 단순 수익 창출 목적보다 홀더들과 팀이 함께 장기 성장하는 프로젝트여야 한다는 신념이 있다. 따라서 구매 가격을 거의 무료로 책정해 홀더들이 구매 가격 미만으로 하락했을 때 매도할 가능성을 처음부터 방지했고, 홀더들이 장기 보유할수록 혜택이 커짐을 강조하며 NFT를 팔지 말 것을 요청했다. 이것이 이른바 '가치호'다. '가치호'는 장인 정신과 장기투자를 중시하는 일본 특유의 문화와 맞물리면서 큰 호응을 얻었다. 때문에 일본 인기 NFT 프로젝트는 판매하고자 하는 리스팅이 거의 없고, 최저 가격도 발행 당시 가격보다 대부분 높은 수준에 형성돼 있다. 행여 NFT를 판매해 단기 수익을 취한 투자자는 지갑 확인을 통해 추후 다른 일본 프로젝트에서는 화이트리스트 자격을 박탈되기도 했다. 이케하야의 성공은 이후 출시되는 대부분 일본 NFT 프로젝트의 벤치마킹이 됐다.

장기 보유 캠페인이 NFT의 새로운 문화를 가져왔지만, 그만큼 문제점도 드러났다. 투자자 의사보다는 팀 자체의 강요 성격이 짙어 '거래의 자유'를 침해했다는 의견이다. 따라서 NFT 거래가 활발한 주류 미국에서는 소외받는 분위기다. 일본 특유의 폐쇄성도 문제다. 투자자들과 소통하는 공간인 디스코드 채널이 일본어 위주로만 운영되고, 해외 알파 커뮤니티와 협업에 인색한 점은 일본 프로젝트들이 극복해야 할 과제다.

거래소 경쟁: 블러의 등장

NFT 시장은 한국 거래소처럼 정부 차원에서 운영하는 중앙 집권화된 거래소가 없다. 모두 민간 기업들이 운영한다. 오픈씨OpenSea, X2Y2, 룩스레어LookRare 등 다양한 거래소들이 있다. 그중에서 오픈씨가 가장 압도적인 점유율을 자랑하는 거래소였다. 경쟁자들이 출혈경쟁까지 감수하며 도전장을 던졌지만 오픈씨 점유율 90% 아성을 넘어서지 못했다.

하지만 2022년 말 혜성처럼 블러Blur가 등장하며 판세가 바뀌었다. 물론 블러도 초창기 큰 인기를 얻지 못했다. 하지만 자체 블러 플랫폼에서 거래를 많이 할수록 포인트를 주는 '에어드롭Air Drop' 제도를 도입하며 주목을 얻기 시작했다. 누적된 포인트를 추후 블러 토큰으로 제공한다는 계획을 밝혔기 때문이다. 이후 NFT를 보유하기보다는 블러 토큰을 받기 위해 초 단기로 매매하는 트레이딩이 급격히 증가하기 시작했다. 이른바 '블러작'Blur Farming이다. 오픈씨와 달리 수수료를 대폭 낮춘 것도 강점이다. 일반적으로 NFT 매매 시에는 거래소 2.5%, 크리에이터 7.5% 약 10%를 수수료로 지급하는 게 관례였다. 하지만 블러는 자체 거래소 수수료를 0%으로 했고, 크리에이터 수수료도 0.5~5% 사이로 투자자들이 정할 수 있도록 했다. NFT 이용자 입장에서는 수수료도 싸고, 추후 받을 토큰 가치까지 생각하면 블러를 택할 수밖에 없었다.

NFT 거래소 블러(Blur)의 트레이딩 화면, 주식거래 화면과 유사해 NFT 트레이더들로부터 큰 인기를 얻었다.

초반 오픈씨, NFT 제작자들의 거센 반발을 받으며 찻잔 속 태풍에 그칠 수 있었지만 블러는 2023년 2월 토큰을 실제로 지급했고, 블러작을 했던 사람들이 제법 큰 돈을 벌자 판세는 완전히 블러로 넘어갔다.

입소문이 퍼져 나갔고, 블러 토큰 드랍 시즌 2가 발표되자 수많은 사람들이 블러 거래소로 몰려 들었다. 2024년 1월 말 현재 블러의 거래대금 점유율은 71.4%로, 2위 오픈씨 16.1%를 제쳤다. 이제는 명실상부한 1위 거래소로 손색없을 정도다.

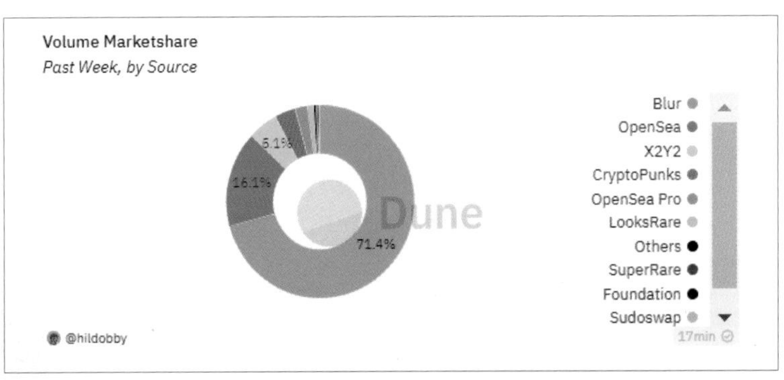

2024년 1월 기준 NFT 거래소 시장 점유율, 부동의 1위였던 오픈씨가 2위로 밀려나고 블러가 압도적인 1위를 차지한다.

하지만 급성장 뒤에는 어두운 면이 있는 법이다. 블러작을 위한 단타 목적 거래가 대부분이니 손해를 보더라도 NFT를 판매하는 현상들이 두드러졌다. NFT 매매로 손해를 보더라도, 추후 받을 블러 토큰의 이익이 더 크다는 판단에서다. 특히 블루칩 NFT 매매 시 가

점제가 컸기 때문에 블루칩의 손절 매매가 급등했다. 겉으로 보이는 거래대금은 컸지만, 초단타 매매자들 때문에 블루칩 NFT를 장기 보유해 온 진성 NFT 투자자들은 큰 타격을 받았다. 공급량 1만 개 중 실제 거래되는 NFT는 5% 남짓인 500개이지만 특정 고래가 이를 한꺼번에 매수한 뒤 바로 전체를 매도하면서 최저 가격이 급락하기도 했다. 프로젝트 팀은 공개 매수 등 가격 방어가 필요했으나 블러는 크리에이터 수수료가 없어 팀에서도 쏟아부을 예산이 없었다. 이런 악순환이 반복되자 지속되는 가격 급락에 진성 홀더들까지 두려움에 떨며 매도하는 투매현상이 발생했다. 블루칩 NFT가 무너지면서 NFT시장은 전반적인 시가총액 하락을 맞게 된다. 시장 전체의 거래대금은 커졌으나 시가총액은 급락하는 기 현상이 빚어진 것이다. "블러 등장으로 NFT 시장은 오히려 무너졌다"라는 말이 나온 이유기도 하다. 그러나 에어드롭 등 NFT 매매에 따른 토큰 에어드롭 가점 제도를 통해 NFT 시장에 유동성을 공급한 새로운 시도는 존중받아야 한다. NFT 시장을 콜렉팅이 아닌 트레이딩 관점으로 바라볼 수 있게 해 준 플랫폼이다.

토큰, 게임메타 인기

2023년 하반기 NFT 시장을 주도한 프로젝트는 게임 기반이다. 한국에서는 게임 플레이를 통해 돈을 버는 P2EPlay to Earn가 불법이지만 해외에서는 합법이다. 중국 관련 프로젝트인 마트릭스, 카카붐 등 이른바 게임파이Game-Fi 프로젝트들은 그동안 큰 인기를 얻었다. 마트릭스는 한국 기업인 하나증권에게 투자를 받아 시장의 주목을 받은 바 있다. 마트릭스는 꾸준한 빌드업을 통해 4이더리움 수준까지 바닥가격이 상승했고, 무료로 판매했던 카카붐도 순식간에 1이더리움까지 상승했다. L3E7 역시 무료로 발행했지만 최저가격이 8이더리움에 육박했다. 공짜로 투자해 2400만 원의 수익을 올린 셈이다.

게임은 아무래도 아이템과 캐릭터가 중심이 되므로 NFT와 밀접한 관련이 있을 수밖에 없다. NFT 시장 초기에는 큰 자금이 유입되지 못해 뛰어난 그래픽과 서사를 가진 게임들에 NFT가 활용되지 못했다. 하지만 지금은 징가Zynga 대형 게임업체들이 직접 NFT 시장에 뛰어들거나, 마트릭스처럼 큰 투자자금을 유치하는 등 게임 관련 NFT 시장에서 새로운 물결이 일고 있다. 게임 생태계 내에서 활용될 포인트들도 토큰화해서 사용될 수도 있다. 게임 NFT뿐 아니라 토큰도 연계할 수 있다는 의미로, 게임 NFT 시장은 이제야 서막이 열렸다.

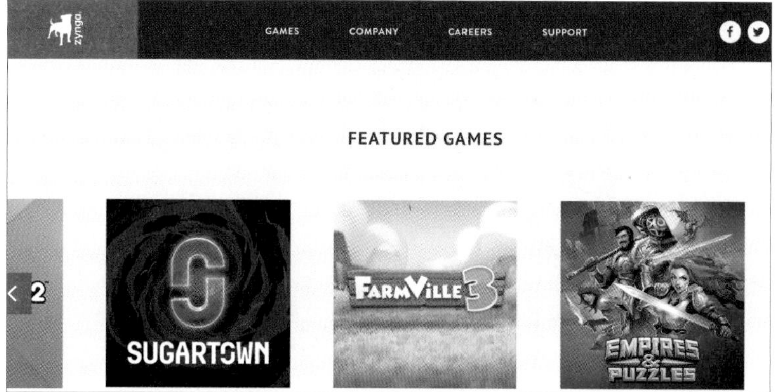

팜빌(FarmVille)로 유명한 글로벌 소셜게임업체 징가(Zynga)가 슈가타운이라는 게임 NFT를 출시했다.

웹3 최초 모바일 슈팅게임인 마트릭스. 국내 금융기관인 하나증권도 투자에 참여해 관심을 모았다.

또 하나 주목할 트렌드는 토큰 발행과 연계된 프로젝트들이다. 그 신호탄은 밈랜드Memeland 생태계의 캡틴즈Captainz가 쏟아 올렸다. 아무런 로드맵도, 유틸리티도 없다고 공표한 밈 코인은 캡틴즈 홀더들에게 수십만 개를 제공함과 동시에 바이낸스 상장 소식까지 전해지며 홀더들에게 최소 수천만 원의 이익을 안겨줬다.

애니모카라는 홍콩 벤쳐캐피탈이 투자자로 참여한 더그레이프The Grape도 민팅 가격이 0.039이더리움에서 시작해 3이더리움까지 상승하는 등 토큰 수령에 대한 기대감으로 큰 상승을 보였다. 또 하나의 애니모카 브랜드인 모카버스도 0.6~0.7이더리움에 머무르던 최저 가격이 토큰 발행에 대한 기대감으로 3이더리움을 넘어서기도 했다. 토큰 발행 프로젝트는 토큰이 발행되면 기대감이 꺾여 가격이 급락할 수 있으므로 후속 로드맵이 잘 갖춰진 프로젝트에 선별적으로 투자해야 하니 이 점을 주의하자.

캡틴즈 NFT 홀더들에게 무료로 제공된 밈(MEME) 토큰은 바이낸스 상장 소식을 전하며 홀더들에게 큰 수익을 안겨줬다.

03 NFT 투자 기본 세팅

NFT 역사와 기본적인 최신 트렌드를 익혔으니, NFT 투자를 위한 기본 배경은 갖췄다.

본격 투자에 들어가기 전 앞서 여러 번 언급됐던 민팅, 화이트리스트, 바닥 가격같은 NFT 외계어 용어들을 이번 파트에서 깔끔하게 정리하고 가자. 아래 표를 눈으로 몇 번 보면 금방 이해할 수 있다.

NFT 용어 총 정리

용어	의미
민팅(Minting)	주조한다는 의미로, NFT를 발행해 투자한다는 의미이다.
화이트리스트(Whitelist)	NFT 발행 시, 우선적으로 구매할 권리이다. 공모 판매보다 저렴하게 구매할 수 있어 화이트리스트를 얻어야 유리하다.
OG(Original Gangster)	NFT 프로젝트 가장 초기 활동 멤버로, 화이트리스트보다 상위 개념이다.
FCFS(First Come First Service)	선착순 개념의 경쟁 화이트리스트이다. 수량이 제한적일 때, 확정 화이트리스트와 차별을 두기 위해 도입했다.

가스(Gas)	NFT 거래 시 거래 수수료이다. 비싸게 지불할수록 거래 순서가 앞당겨지므로 인기 있는 프로젝트는 가스를 높게 써야 해 가스워Gas War)라 표현한다.
메타마스크(Meta Mask)	NFT 민팅 및 보관 시 쓰는 개인 지갑이다.
하드월렛(Hard Wallet)	소프트월렛(웹 상에 보관)과 반대되는 개념으로, USB라는 물리적 장치로 메타마스크에 접근해 관리 및 보관하는 금고 열쇠 같은 개념이다. 보안 수준이 높아 값 비싼 NFT를 보관하기 적합하다.
PFP(Picture For Profile)	프로필용으로 설정할 수 있는 NFT로 웹3에서의 자아를 나타낸다.
독싱(Doxxing)	NFT업계에서 프로젝트 팀들의 신원을 오픈하는 행위이다. 신분이 드러나면 투자자들을 대상으로 사기행각을 벌이기 어렵다.
백커(Backer)	NFT에 투자한 회사이며, 백커가 대기업일수록 성공확률이 높다.
다오(DAO)	분산형 자율조직(Decentralized Autonomous Organization)으로 중앙관리 주체 없이 조직원들이 자유롭게 안건을 투표해 의사를 결정한다. NFT에서는 투자 뜻이 맞는 구성원들이 모여 만들어 공동 투자하는 조직이다.
AMA(Ask Me Anything)	'무엇이든 물어보세요'라는 의미이다. 프로젝트가 투자자들에게 자신의 프로젝트에 대한 질의응답을 갖는 시간을 의미한다. 트위터 스페이스나 디스코드에서 이뤄진다.
실링(shilling)	뽐낸다는 의미로, 트위터에서 특정 NFT를 자랑하거나 프로젝트를 칭찬하는 글이다.
스레드(Thread)	실타래라는 의미로 트위터는 글자수 제한이 있으므로, 실타래처럼 글을 아래로 연결해 자신의 생각을 정리해 업로드하는 형태이다.
그라인딩(Grinding)	갈아넣기로 화이트리스트를 얻기 위해 채팅, 팬아트, 장기 자랑 등 해당 디스코드 채널에서 다양한 활동을 오랜 기간 해야 한다는 의미이다.
초코(초대코드)	디스코드로 사람 초대를 많이 할수록 화이트리스트를 부여하는 프로젝트들은 특정인에게 부여된 초대 코드를 근거로 초대 수를 계산한다.
리스팅(Listing)	NFT를 매도하기 위해 거래소에 등록하는 행위이다. 리스팅 비율이 낮을수록 상승 가치가 높은 NFT이다.
바닥가격(Floor Price)	NFT 매도를 위해 리스팅 된 가격 중 가장 낮은 가격이다.

리빌(Reveal)	NFT 민팅 후 초기에는 각 NFT의 아트 및 희귀도가 공개되지 않다 일정 기간 후 공개되는 과정의 의미로 리빌 직후에는 가격이 하락한다.
희귀도(Rarity)	NFT는 각 특성에 따라 다른 희귀도를 부여한다. 희귀도가 높을수록(공급량이 적을수록) 비싼 가격을 형성하며 가장 귀한 희귀도를 지닌 NFT를 (1/1)이라 부른다.
멘징	마작 멘젠(따지도 잃지도 않았다)에서 나온 의미로, 본전을 의미한다.
러그(Rug)	부드러운 양탄자처럼 프로젝트에서 미끄러지듯 빠져나온다는 뜻으로 프로젝트 민팅 뒤 투자금만 갖고 도망친다는 의미이다.
드레인(Drain) / 스캠(scam)	말라간다는 의미로 해커가 특정 화면을 클릭하도록 유도해 NFT 지갑에 있는 이더리움과 NFT를 몰래 가져가는 행위이다.
GM, GN	Good Moring, Good Night의 약자이다.
LFG	Let's fucking go의 줄임말. '가즈아'와 같은 개념이다.
To the Moon	달로 가자는 의미로, NFT가격이 솟아오르자는 의미이다.
WAGMI(We All Going to Make It)	모두 잘 될 거라는 긍정의 의미이다.
NGMI(Not Going to Make It)	잘 안 될 거라는 부정의 의미이다.
포모(FOMO)	Fear Of Missing Out. 매수 시점을 놓칠까 불안한 마음이다.
퍼드(FUD)	Fear, Uncertainty, Doubt. 공포, 불확실성, 의심의 약자로 해당 프로젝트에 대한 루머를 의미한다.
Hodl	Hold의 오타로, 프로젝트를 보유하고 있다는 의미의 웹상에서의 은어이다.
다이아몬드 핸드	다이아몬드처럼 오랜 기간 단단히 보유한다는 NFT 장기 투자자를 의미한다.
페이퍼 핸드	종이처럼 가볍다는 의미로 NFT 다기 투자자를 의미하며, Flipper라고 부르기도 한다.

1. 개인 지갑 만들기

이제 NFT 투자를 위한 준비를 시작하자. 가장 먼저 필요한 건 NFT 지갑이다. NFT 투자 시 가장 많이 활용할 지갑은 메타마스크 MetaMask다. 크롬 확장 프로그램에서 메타마스크를 검색해 설치한 뒤 새 지갑 생성하기를 누른다. 동의하기를 누르면 비밀번호 생성이 나온다.

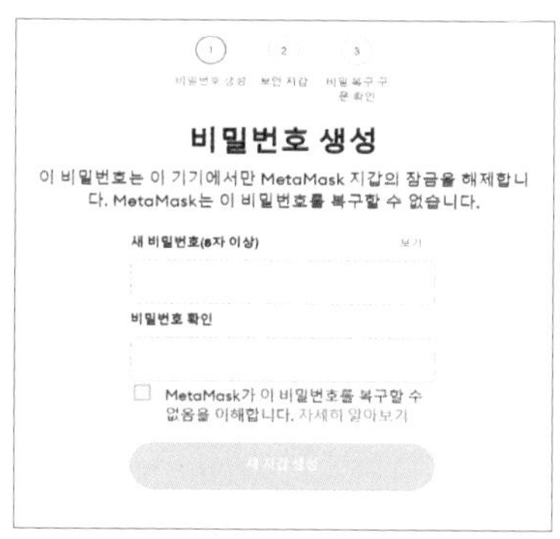

비밀번호를 입력하고 '새 지갑 생성'을 누르면 보안 지갑에 대한 유튜브 시청 화면이 나온다. 유튜브 내용은 비밀번호와 마스터 키, 복구 구문을 다른 사람에게 어떠한 형태로든 공유해선 안 된다는 게 핵심이다. 이제 다음 화면을 누르면 비밀 복구 구문 기록이 흐린 화면과 함께 나온다. 이제 비밀복구 구문 공개 버튼을 클릭해 보자.

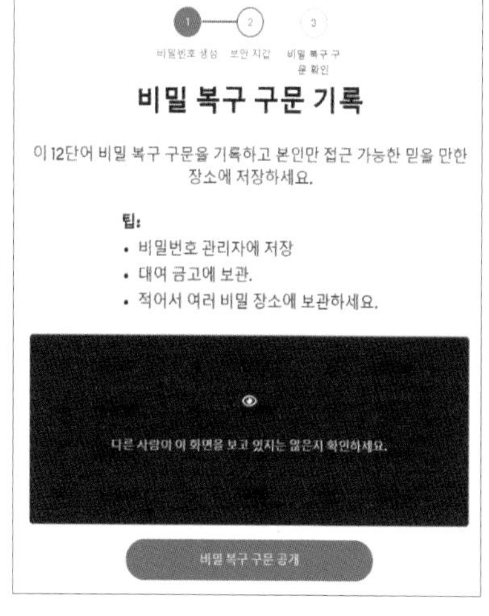

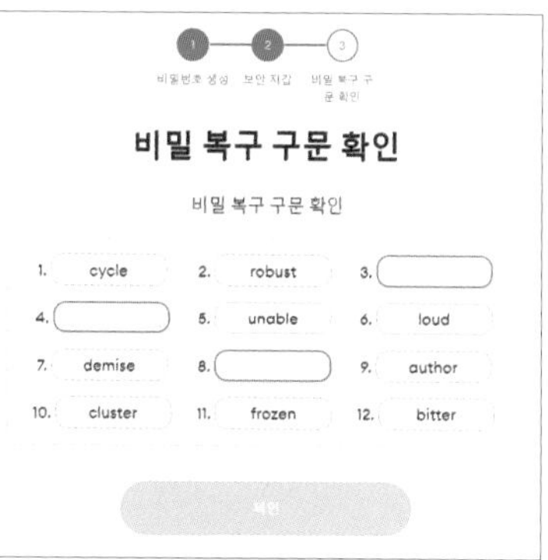

시드문구 12개는 은행 OTP카드, 분실 및 공유 금지

화면과 같은 12개의 구문이 나온다. 이 문구는 해당 메타마스크 고유의 마스터 키다. 은행 계좌 이체 시 필요한 OTP카드 같은 존재다. 따라서 이메일이나 컴퓨터 내부에 보관하는 건 위험하다. 해킹을 통해 비밀 복구 구문이 유출될 수 있어서다. 별도의 종이에 기록해 보관하거나 불편하다 생각되면 엑셀이나 워드 파일에 정리한 뒤 암호화 해두는 것이 좋다. 열심히 투자한 NFT를 해킹 한 번에 잃는 경우가 있기에 명심해 두자. 사용자에게 클릭을 유도해 정보를 빼내려는 스캠 링크Scam Link에 유도될 위험성이 매우 높다.

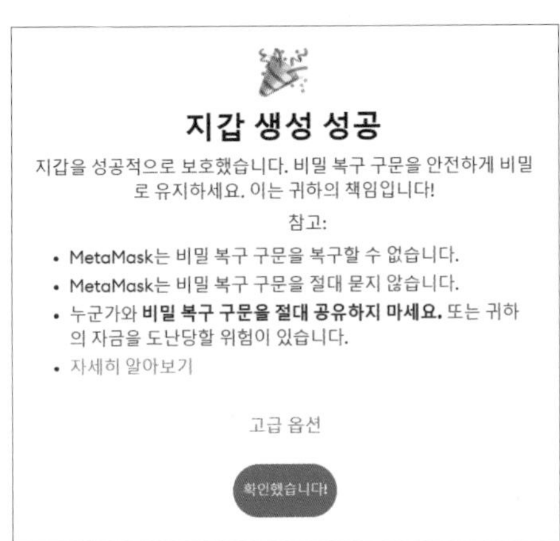

클립보드 복사를 통해 비밀 복구 구문을 보관한 뒤 다음 버튼을 누르면 비밀복구 확인 화면이 보이고, 빈칸에 비밀 복구 구문을 입력한다. 그러면 지갑 생성 화면이 만들어졌다.

지갑생성이 완료되면 위와 같은 화면이 나타난다. 중간 상단에 표시된 Account1은 지갑 이름이다. 본인이 쓰고 싶은 닉네임으로 바꿔도 된다. Account1 아래에 보이는 0x로 시작하는 숫자들이 지갑 주소다. 숫자 옆의 네모를 클릭하면 0x로 시작하는 메타마스크 전체 주소를 복사할 수 있다. 이 주소는 본인이 NFT 투자를 하면서 활용할 메인 지갑이니 잘 보관해 두자.

NFT 투자를 하면 메인 지갑, 다 잃어도 되는 버너Burner 지갑, 부계정 지갑 등 여러 지갑을 나눠서 관리해야 한다. 메인 지갑 외 버너용 지갑은 위의 메타마스크 과정을 한 번 더 거치면 된다. 12개의 비밀복구 구문이 다르므로 메인 지갑과 완전 별개의 지갑이다. 프로젝트가 스캠일 가능성이 보이고, 선착순으로 진행되는 속도전일 경우에는 지갑을 통째로 잃어도 부담 없는 버너 지갑으로 시도하는 게 좋다. 따라서 메타마스크 메인 지갑 외 버너용 지갑을 따로 더 만들어야 한다.

또한 동일 프로젝트의 화이트리스트를 여러 개 획득하기 위해 부계정을 만드는 작업도 필요하다. 이건 버너용 지갑처럼 별도의 마스터 키를 만들지 않아도 된다. 메타마스크 지갑 우측 상단의 색깔이 들어간 동그라미를 클릭하면 '계정 생성'이라는 화면이 뜬다. 계정 생성을 클릭하면 생성 화면이 나오고, 다시 클릭하면 새로운 하위 계정 지갑이 생성된다. 이런 식으로 반복되면 10개도 만들 수 있다.

주의할 점은 부계정 지갑은 메인 지갑과 비밀 복구 구문을 공유하는 지갑이므로 해킹을 당하면 본 계정 외 하위 계정들 자산도 다 사라질 수 있다. 따라서 하위 계정과 버너 지갑의 차이점은 확실히 인지하고 활용해야 한다.

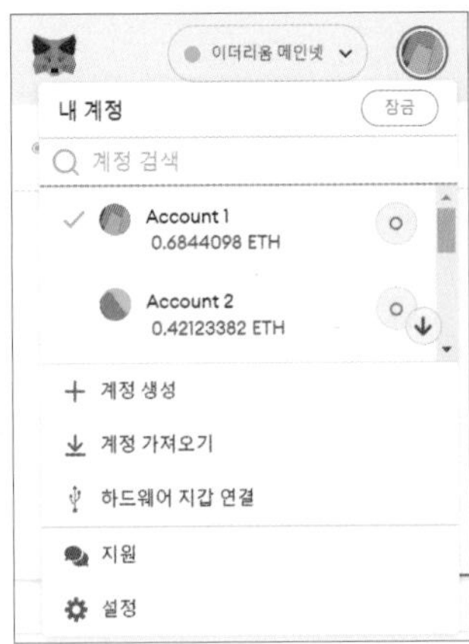

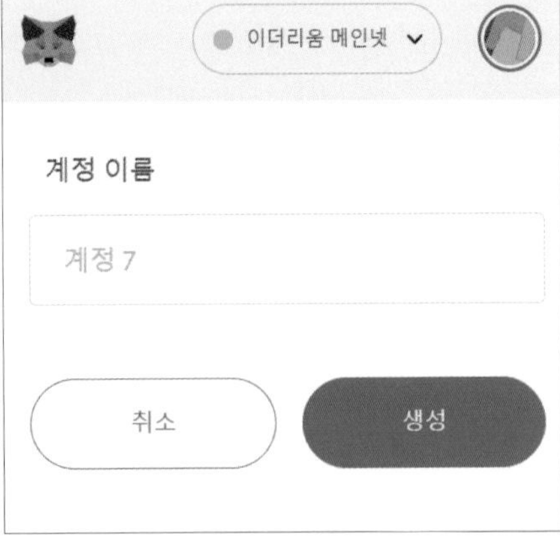

이더리움 외 폴리곤Polygon, 바이낸스체인BSC, 베이스Base와 같은 다른 메인넷 네트워크를 이용하는 프로젝트가 있다면 메타마스크 내 네트워크를 추가로 설정하면 된다. 메타마스크 지갑 화면 제일 위쪽 중앙에 있는 '이더리움 메인넷'이라는 탭은 현재 설정된 네트워크다. 제일 처음 등록 시 디폴트 값으로 이더리움이 기본 세팅돼 있다. 폴리곤, 바이낸스체인 등의 네트워크를 추가로 설정하는 방법은 간단하다. 네트워크 탭을 클릭하면 추가로 팝업 창이 나오고, 맨 하단의 네트워크 추가를 누른 다음 원하는 네트워크를 추가하면 된다. 폴리곤, 아비트럼, 바이낸스체인 정도를 추가하면 된다.

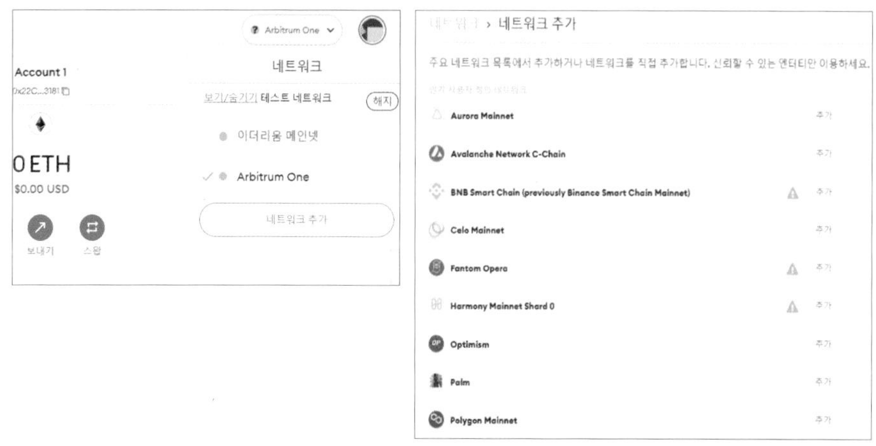

솔라나, 팬텀지갑

솔라나 NFT는 설립자이자 FTX 거래소 수장, 샘 뱅크먼이 구속되면서 신규 프로젝트들의 동력이 많이 떨어졌다. 시장에서 솔라나 체인의 신뢰가 떨어지니 NFT시장도 영향을 받아 침체기를 겪고 있다. 심지어 솔라나 대장주였던 디갓DeGods 마저 이더리움으로 이전하면서 어려움을 겪고 있다.

하지만 솔라나 체인은 거래수수료가 적고, 속도가 빠른 이점이 있으므로 언제든 다시 부활할 수 있다. 따라서 솔라나 기반 NFT 거래를 위해 개인 지갑 정도는 만들어 두자. 솔라나 프로젝트는 팬텀 지갑이 가장 많이 쓰인다. 구글 확장 프로그램에서 팬텀월렛Phantom Wallet을 설치한 뒤 메타마스크와 동일한 방식으로 지갑을 생성하면 된다.

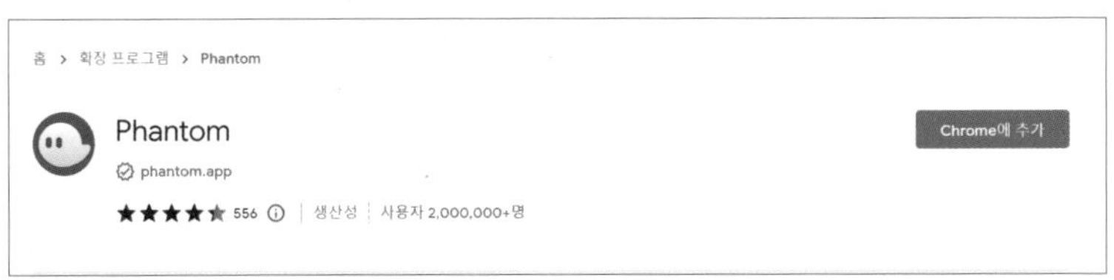

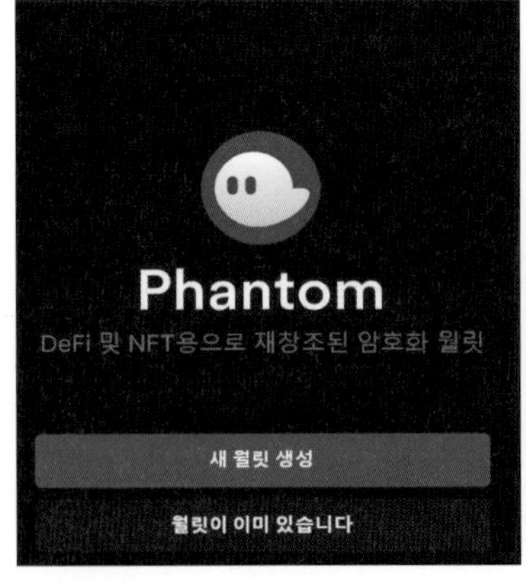

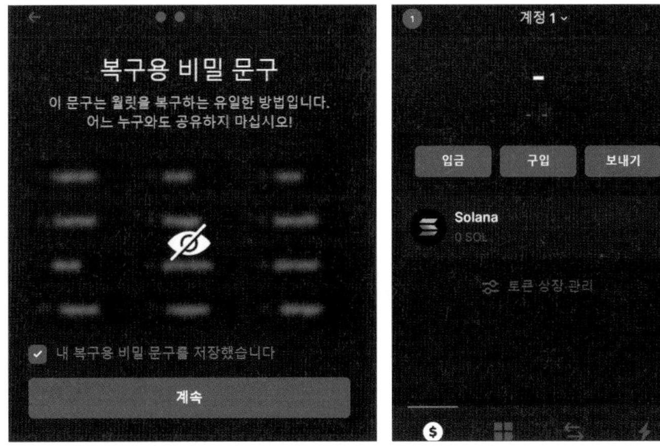

이제 NFT 거래를 위한 개인 지갑 만들기가 마무리됐다. 가장 많이 활용될 메타마스크의 활용법은 딱히 어렵지 않다. 민팅과 래플 참여 시 해당 프로젝트의 사이트에 접속해 지갑 연결만 하면 된다. 대부분 사이트가 안전하지만 간혹 스캠 사이트 클릭을 유도해 지갑 내 NFT 자산을 해킹할 수 있다. 이런 위험을 줄이기 위해 포켓 유니버스Pocket Universe라는 확장 프로그램을 설치하자.

2. 해킹 방지 프로그램: 포켓 유니버스

이 프로그램은 민팅이나 거래 승인 등의 서명 버튼을 누르기 전, 해당 프로젝트의 코드를 분석해 NFT 자산을 다른 곳으로 이전시키는 명령어가 있는지 등 해킹 가능성 여부를 판단해 준다. 아래 그림처럼 승인 버튼을 누르면, 포켓 유니버스에서 검증 과정을 거친 뒤 지갑의 자산 인출 가능성이 보이면 빨간색 '경고 문구'가 뜬다. 어렵게 번 돈을 쉽게 잃을 수 없으니 NFT 투자를 한다면 반드시 설치해 두자.

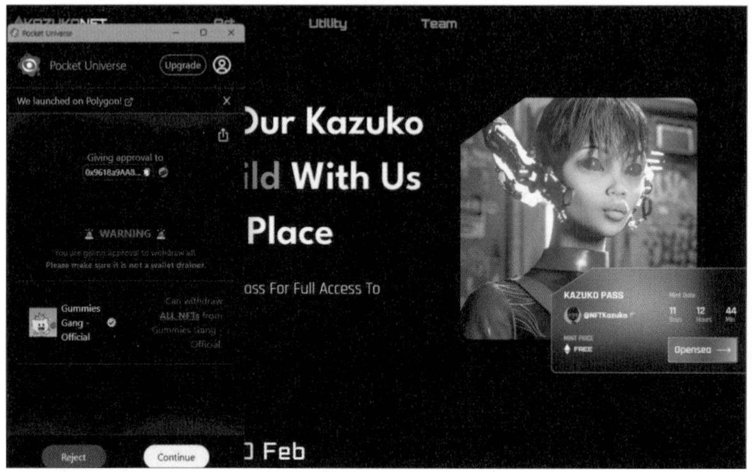

스캠 사이트에 연결돼 자산을 인출하려 하면, 포켓 유니버스 확장 프로그램에서는 빨간 글자로 경고 문구가 뜨게 된다.

3. 하드월렛, 레저

NFT 투자를 하다 보면, 가치가 높은 NFT를 소유할 경우가 있다. 이런 NFT를 웹 상에 보관하면 해킹 가능성이 높다. 아무리 주의해도 여러 사이트와 민팅 버튼을 누르다 보면 본인도 모르게 스캠 가능성에 노출된다. 별다른 클릭이 없더라도 예전에 접속했던 사이트들을 연결해제 하지 않았다면 자산을 누군가 훔쳐 갈 가능성이 늘 열려 있다. 불필요한 사이트들은 메타마스크 우측 상단의 지구본 모양을 클릭하면 나오는 '연결된 사이트'에 접속해 연결해제를 꼭 하자.

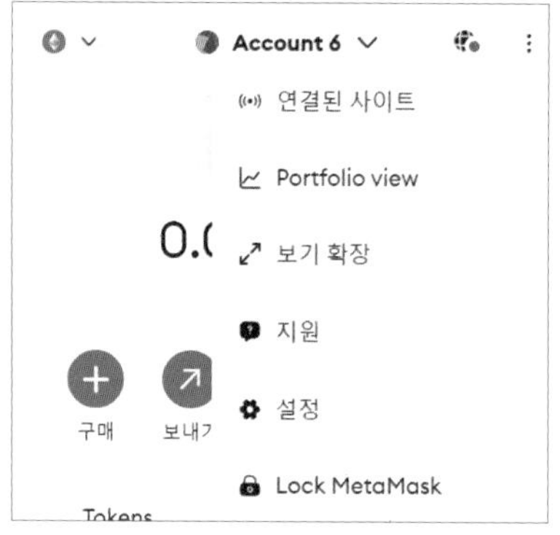

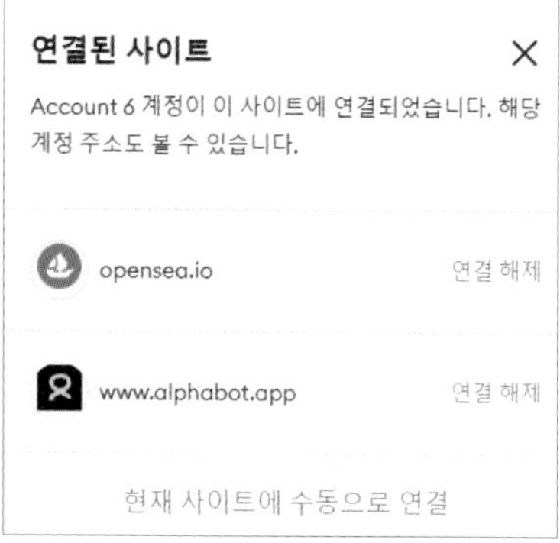

스캠으로 의심되는 사이트에 접속해 찜찜함이 남아 있다면 이더스캔https://etherscan.io/ 이라는 이더리움 거래 저장 사이트에 접속한 뒤 리보크Revoke 기능을 통해 아예 접근권한을 삭제할 수도 있다. 이더스캔에 접속해서 아래 Token Approvals를 클릭한다.

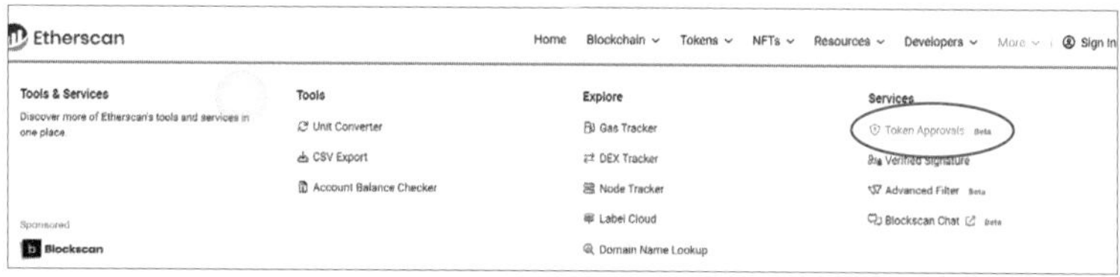

이후 아래 그림의 'Connect to Web3'를 클릭해 지갑을 연결한다. 그리고 스캠이 의심되는 사이트들은 리보크 승인을 통해 접근권한을 원천 차단하면 된다. 이 과정에서 약간의 가스비가 발생할 수 있다. 하지만 몇만 원 아끼려다 큰돈을 잃을 수 있으니 정기적으로 리보크를 일상화하는 게 좋다. 또한 이미 해킹을 당한 지갑이라면 해당 지갑은 사용하지 않고 새로운 지갑을 만들어 사용하는 걸 추천한다.

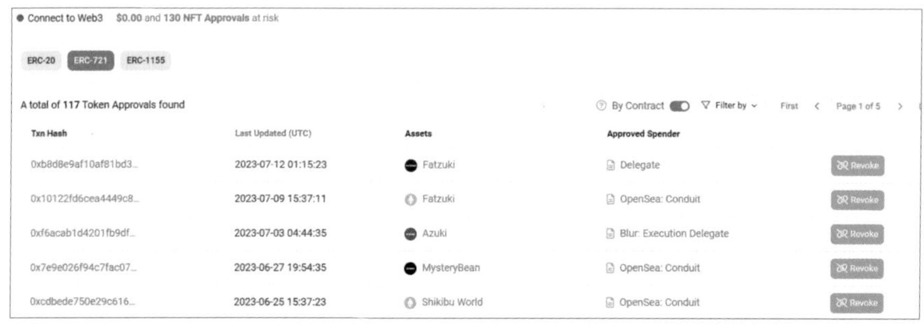

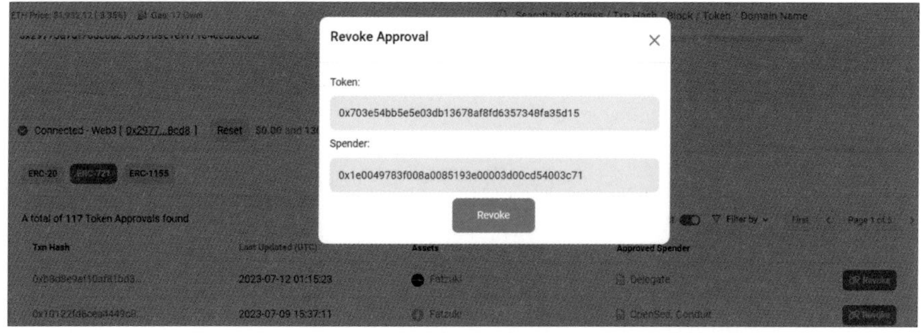

좀 더 보안을 강화하기 위해 하드월렛Hard wallet을 이용하는 것도 좋은 방법이다. 웹 상에서 연결된 지갑을 소프트월렛Soft wallet으로 부르고, 이에 반대되는 개념을 하드월렛이라고 부른다. 하드웨어는 웹 상에서 분리돼 있어 상대적으로 안전하다. 이 금고 열쇠가 있어야 웹 상의 NFT에 접근할 수 있다.

다양한 하드월렛이 있지만 기본적으로 NFT 시장에서는 렛저Ledger를 많이 사용한다. 하드월렛은 거래 승인을 온라인이 아닌 USB를 통해 승인함으로써 인터넷 해킹에 따른 자산 탈취를 방지할 수 있다. 렛저는 중고가 아닌 신상품을 반드시 구매해야 하며, 공식 홈페이지https://www.ledgerkorea.co.kr/index.html 활용을 추천한다.

렛저를 구매한 뒤 계정 선택에서 'Hardware Wallet'을 클릭하면, 그 종류를 클릭하라는 화면이 나온다. 제일 왼쪽 상단의 렛저를 클릭하고, 페어링이 된 '나노 X' 렛저를 다시 클릭하면 렛저에 보관된 지갑을 불러올 수 있다. 그 다음 사용법은 일반적인 메타마스크와 동일하다. 거래 승인을 마우스 버튼이 아닌 렛저 승인 버튼을 눌러야 한다는 점이 차이점이다.

NFT를 지원하는 렛저는 블루칩 NFT를 보다 안전하게 보관할 수 있다.

4. 거래소 계좌 만들기

메타마스크 등 개인 지갑을 만들었다면 이제 NFT용 지갑으로 이더리움, 솔라나 같은 암호화폐를 보낼 수 있는 거래소 계좌가 필요하다. 편의상 사람들이 가장 많이 이용하는 업비트를 기준으로 설명한다.

> **| 업비트 회원 가입 방법**
>
> 1. 구글플레이 업비트 앱 설치(PC 가입 X)
> 2. 본인 인증(주민번호, 전화번호) 및 은행계좌(입금된 비밀번호 3자리 입력) 통해 추가 입증 작업
> 3. 업비트용 닉네임 및 PIN 번호 설정,
> 4. KYC(Know Your Customer) 시작, 여권 영문이름과 이메일 주소, 거주지 주소 입력
> 5. 직업, 거래 목적, 자금원천 입력
> 6. 신분증 촬영
> 7. 업비트 2채널 인증(원화 및 코인 입출금시 필요)

업비트는 2022년 11월 7일부터 보안 상의 이유로 PC가 아닌 앱을 통해서만 회원 가입이 가능하다. 구글 앱에서 업비트를 설치한 뒤 시작하기를 누른다. 본인 인증을 거친 후 은행계좌를 통해 인증작업을 거쳐 핀 번호 설정, 생체인증 등을 마무리한다. 그 다음 업비트용 닉네임을 정하고 로그인한다.

회원가입은 끝났지만 거래를 위해서는 본인 확인 작업KYC, Know Your Customer이 필요하다. 신분증을 스캔하고, 거래소에 연결할 계좌

를 설정한다. 업비트는 케이뱅크 계좌와 연동된다. 은행계좌 인증을 한 번 더 거친 뒤 화면의 내 정보 → 상단의 회원등급을 누른 다음 회원등급으로 입출금 계좌를 설정하고 2채널 인증을 진행한다.

블로그 등 인터넷에서 보다 자세한 거래소 가입방식이 나와 있으니 찬찬히 확인하고 따라가 보자.

계정주 확인 서비스가 무엇인가요?

VV(베리파이바스프) 트래플룰 솔루션을 통해 가상자산사업자(VASP) 간 시스템을 연동하여
업비트 계정과 연동된 거래소의 계정, 즉 상호 계정의 계정주 동일 여부를 확인하는 서비스 입니다.

계정주 확인 서비스에 연동된 거래소 계정의 계정주와 업비트 계정의 계정주 성명(한글 또는 영문) 및 생년월일 정보가 일치하면 정상적으로 입출금이 완료됩니다.
이후에 해당 거래소의 동일한 지갑주소로 입출금 시에는 계정주 확인이 조금 더 빠르게 진행되어 입출금 처리에 소요되는 시간이 조금 더 단축됩니다.

계정주 동일 여부 확인 절차는 정기적으로 진행되므로 해당 거래소의 계정 정보 변경 여부에 따라 계정주 확인 요청에 대한 응답 대기가 발생될 수 있으니 참고해 주시기 바랍니다.

이제 국내 거래소 등록이 완료됐다. 메타마스크로 암호화폐를 바로 전송해도 되지만, 수수료 절감을 위해 해외 거래소를 거치는 게 좋다. 특히 한국은 2022년부터 국내 거래소와 해외 거래소 간 송금이 100만 원 이상이면 자금 세탁 방지를 위해 트래블룰Travel Rule을 적용하고 있어 이 점을 주의해야 한다. 트래블룰은 해당 송금자와 수신자가 일치하는 지 여부 확인을 통해 해당 송금 자금이 자금세탁에 활용된 자금인지를 체크한다. 따라서 100만 원 이상의 자금이면 업비트와 연동된 해외 거래소를 별도로 등록하고, 영문 이름을 서로 일치시켜야 한다.

해외 거래소는 가장 규모가 크고, 가장 많이 사용하는 거래소가 바이낸스이므로 해당 거래소 계좌 개설 위주로 설명한다. 아래 그림의 순서대로 바이낸스 홈페이지 또는 모바일 앱을 다운로드 받은 뒤 개인 계정을 개설한다.

| 바이낸스 회원가입 방법

1. 바이낸스 사이트 접속 및 모바일 앱 다운로드(업비트와 달리 2군데 모두 가입 가능)
2. 이메일 또는 전화번호 가입
3. KYC(Know Your Customer) 단계, 신분증 인증 및 전화번호 인증

KYC 화면으로 넘어가서 신분증을 스캔해 업로드한다. KYC 화면은 Account의 Identification을 클릭하면 된다. 바이낸스에서 KYC 결과가 확인되는 과정은 대략 30분~1시간 정도 걸린다. 이후 홈페이지에 접속해 우측 상단의 사람 얼굴을 클릭하면 인증 Verified 여부를 확인할 수 있다. 업비트 가입 방식보다 복잡하지 않으니 자세한 가입 절차는 인터넷 블로그 검색을 통해 확인하자.

꿀팁

웹3의 OTP 카드인 구글 Authenticator

거래소를 이용하다 보면 2FA라는 2채널 인증이 필요하다. 소액은 이런 절차가 필요 없지만 100만 원의 큰 금액은 이 절차를 거쳐야 한다. 업비트는 2채널 인증으로 네이버 또는 카카오톡을 통해 인증이 필요하지만 해외 거래소들은 구글 Authenticator를 통한 인증이 필요하다. 한마디로 말해 은행 OTP카드로 보안을 보다 강화한 프로그램이다. 구글 스토어에서 구글 Authenticator를 다운받는다. 모바일 우측 하단의 십자가 표시를 누른 뒤 각 거래소의 2FA 채널로 들어가 6자리 숫자 또는 QR코드를 스캔하면 본인만의 2단계 인증코드가 설정된다. 대부분의 해외 거래소가 2FA 등록을 요청하니 꼭 등록해 두자.

1. 구글 Authenticator 앱 다운로드

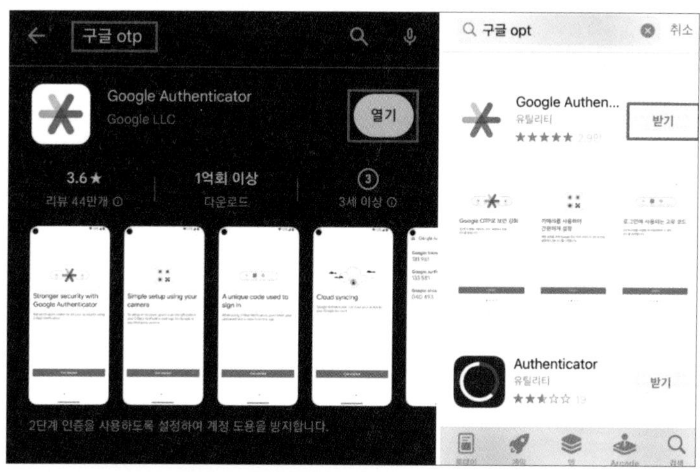

2. 해외거래소 프로필-보안(Security)- Authenticator 활성화(Enable)

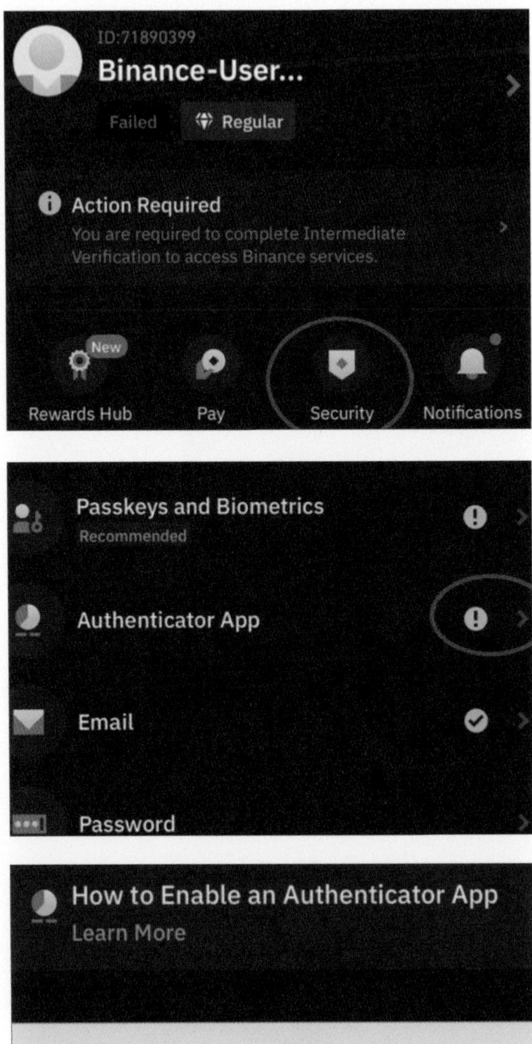

3. 해외거래소 16자리 설정키 입력 또는 QR코드 스캔

4. 구글 Authenticator 앱의 우측 하단 + 표시 클릭

5. 16자리 설정키 또는 QR코드 입력

6. 해외거래소 자신의 6자리 2단계 인증코드 확인

7. 해외거래소에 해당코드 입력 뒤 승인

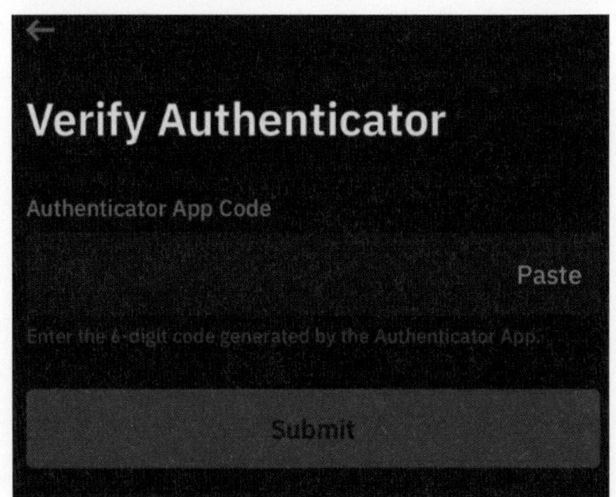

04 SNS 채널 가입

트위터(X) 가입 및 활용법

메타마스크와 업비트, 바이낸스 거래소 계좌 개설이 완료됐다면 NFT 투자 준비는 어느 정도 완료됐다. 이제 NFT 투자에서 가장 많이 활용될 디스코드와 트위터 개설을 시작하자.

트위터 계정 가입 방법은 아래와 같다. 이메일 또는 전화번호를 통해 가입하면 된다.

| 가입하는 방법

1. twitter.com/signup으로 이동
2. 가입하기 버튼을 클릭
3. 계정 만들기 팝업 상자가 표시된 후 Twitter에 가입하기 위한 절차 안내
4. 가입 과정에서 이메일 주소를 제공한 경우 인증하도록 안내가 포함된 이메일을 즉시 송부
5. 가입 과정에서 휴대폰 번호를 제공한 경우 인증하도록 코드 포함된 문자 즉시 송부
6. 정보를 입력한 후 다음을 클릭
7. Twitter 환경 맞춤 설정 팝업 상자가 열리면 웹에서 Twitter 콘텐츠가 표시되는 위치를 추적할지 여부 체크 표시한 후 다음을 클릭
8. 새 계정을 맞춤 설정하는 방법 확인

트위터는 NFT 화이트리스트 참여에도 필요하고, 웹3세계에서 자아를 표현할 중요한 도구이다. 따라서 신중하게 아이디를 고르자. 되도록이면 디스코드 아이디와 비슷하게 설정하는 걸 추천한다. 트위터 아이디를 설정했으면 프로필 수정을 눌러 아래 오른쪽 화면처럼 상단의 배경화면과 자기 소개란을 간단히 작성하자.

트위터 프로필 수정을 누른 뒤 배경화면 등록, 자기소개를 작성해야 트위터 화이트리스트 래플 신청 시 당첨확률을 높일 수 있다.

NFT 화이트리스트 추첨은 디스코드뿐 아니라 트위터에서도 개최된다. 당첨자는 트위터 피커Twitter Picker 시스템을 많이 활용하는데, 사용자가 개별 설정할 수도 있지만 대부분 기본값을 적용한다. 이 트위터 당첨 기준 중 하나가 자기소개와 배경 화면 설정이다. 아래 그림처럼 프로필 사진, 배너, 프로필 설명기재가 기본 요구 조건이며, 상황에 따라 가짜 계정을 막기 위해 6개월 이상 사용된 계정,

최소 하루 전 트윗 등의 추가 조건이 붙을 수도 있다. 계정 이용 기간, 리트윗 횟수 등은 NFT 투자를 시작하면 시간이 지나면서 자연스레 달성되지만 프로필 사진, 배너, 프로필 설명은 스스로 작성해야 하므로 꼭 입력해 두자.

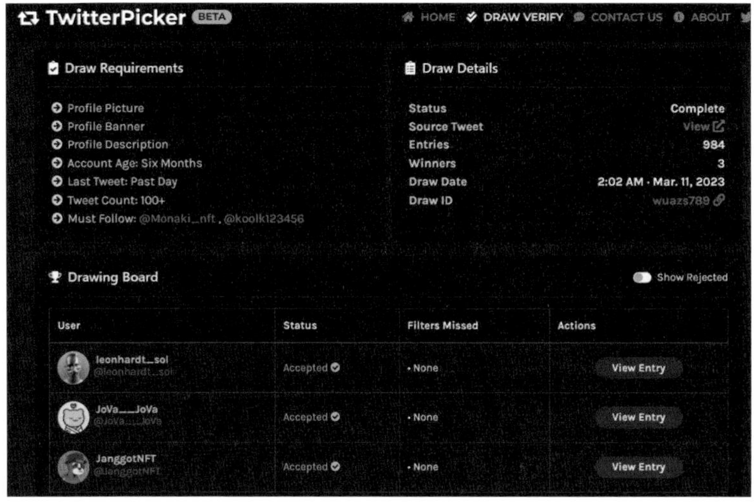

트위터 피커프로그램을 통해 화이트리스트 당첨자가 선정되는 방식. Draw Requirements 기준을 충족해야 한다.

텔레그램 가입 및 활용법

트위터 가입이 완료되면 텔레그램에도 가입하자. 텔레그램은 휴대폰과 연동되므로 앱을 설치하면 간단히 가입할 수 있다. 텔레그램은 모든 대중에게 공개된 트위터보다 본인의 관심사에 맞춰 좀 더 함축적인 정보들을 얻어갈 수 있다는 장점이 있다. 본인이 관심 있는 정보를 소개하는 NFT 인플루언서 채널들을 찾아 가입해두면 된다. 그럼에도 특정 NFT 정보는 텔레그램보다 디스코드 활용도가 더 높으니 텔레그램을 통해서는 전반적인 NFT 시장 흐름을 읽는 수준 정도로 생각해야 한다.

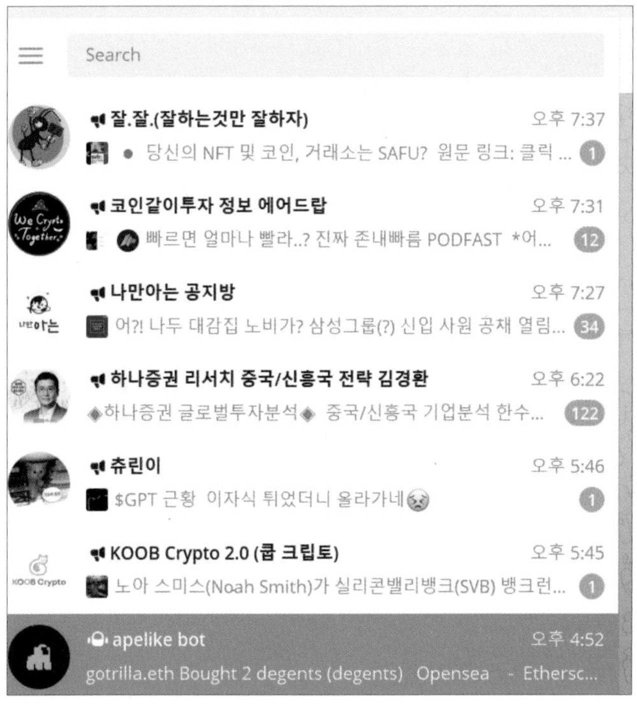

텔레그램에서도 NFT 정보들을 얻을 수 있다.

디스코드 가입 및 활용법

이제 디스코드에 가입해야 한다. 디스코드는 NFT 프로젝트에서 가장 중요하게 생각하는 소통 채널이다. 국내보다는 해외 프로젝트들이 훨씬 많으니 가급적이면 영문명으로 아이디를 만드는 걸 추천한다. 한글 아이디는 해외 관리자들이 읽기 어려워 래플에 당첨돼도 전달하는 과정에서 힘들어하는 모습들을 봤다. 가입 방식은 아래 그림과 같다. 디스코드 사이트에 접속해 가입하기를 누른 다음, 계정명, 비밀번호 설정 등 일반적 회원가입과 동일한 절차를 거친다.

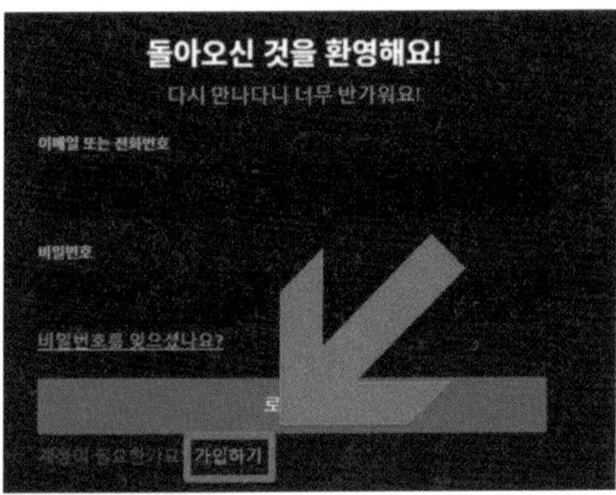

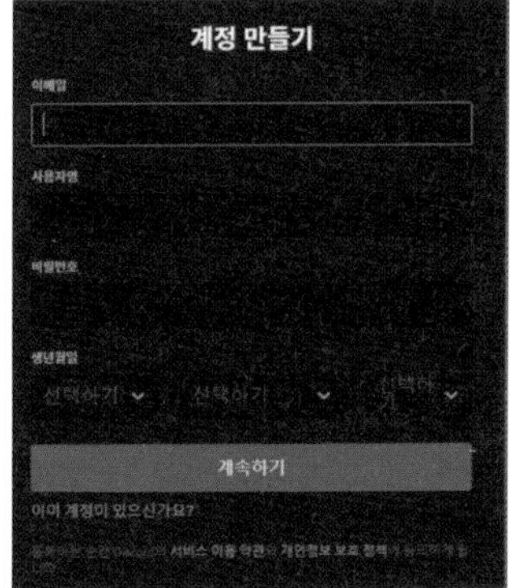

니트로, 서비스 구독

디스코드는 기본적으로 무료서비스지만 활동량이 늘어날수록 니트로Nitro 서비스를 이용해야 한다. 니트로는 매달 약 1만 원을 결재하면 사용할 수 있다. 혜택은 크게 3가지다. 우선 가입할 수 있는 디스코드 채널이 100개에서 200개로 증가한다. 가입할 채널이 100개를 넘길까 싶겠지만 NFT투자를 본격적으로 시작하면 200개도 모자람을 느끼게 된다. 또한 본인이 가입한 서버에 최대 2개까지 서버부스터Server Booster 효과를 둘 수 있다. 서버 부스터는 본인이 가입한 디스코드 채널의 서버 용량이 커지는 역할을 한다. 오디오 채널의 품질이 향상되고 라이브 방송 송출도 가능해진다. 서버 내에서 사용할 수 있는 이모티콘 개수도 늘어난다. 이런 장점 때문에 NFT팀은 서버부스터를 제공한 투자자 전용 화이트리스트 래플을 진행하기도 한다. 서버부스터를 사용하면 그림처럼 아이디 옆에 분홍색 배지가 부여된다.

3번째 혜택은 개인 프로필을 기본프로필과 각각의 서버프로필로 나눠 관리할 수 있다. 니트로가 없으면 기본 프로필만 사용할 수 있지만 니트로가 있으면 각 서버마다 다른 프로필을 설정할 수 있다.

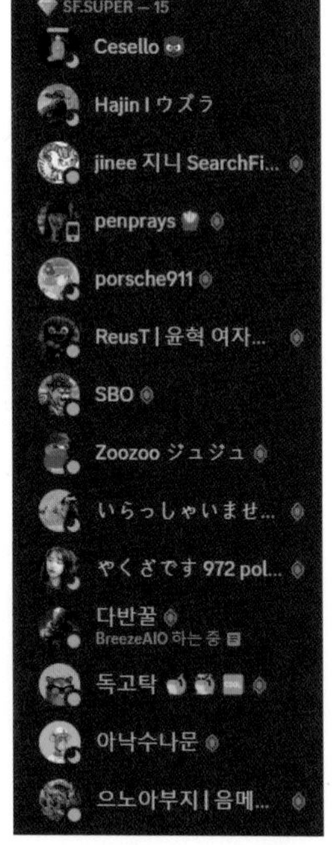

서버부스터를 행사하면 오른쪽에 분홍색 다이아몬드가 표시된다.

서버프로필은 자신이 가입한 프로젝트 디스코드 좌측 상단을 클릭해서 '서버프로필 편집' 탭으로 가면 각 서버만의 고유 프로필을 설정할 수 있다. 각 NFT에서 서버마다 자신의 프로젝트를 프로필 사진으로 요구하는 경우가 있으므로, 자신의 메인 프로필은 지키면서 각 서버에서 요구하는 프로필을 맞추려면 니트로 가입은 필수다.

서버프로필 편집(중간)을 클릭해 수정하면 기본 프로필 외 각 서버마다 다양한 프로필을 입력할 수 있다(우).

디스코드 회원 가입 및 니트로 구매가 완료되면 이제 본인이 가입하고 싶은 채널에 가입하면 된다. 채널가입을 위해서는 초대코드가 있어야 한다. 예를 들어 서치파이 디스코드는 https://discord.gg/searchfi다. 이 링크를 타고 들어와야 가입이 가능하다. 일반적으로는 공통 초대코드이지만, 초대 이벤트로 화이트리스트를 결정할 때는 영문과 숫자가 혼합된 개인코드가 나오기도 한다.

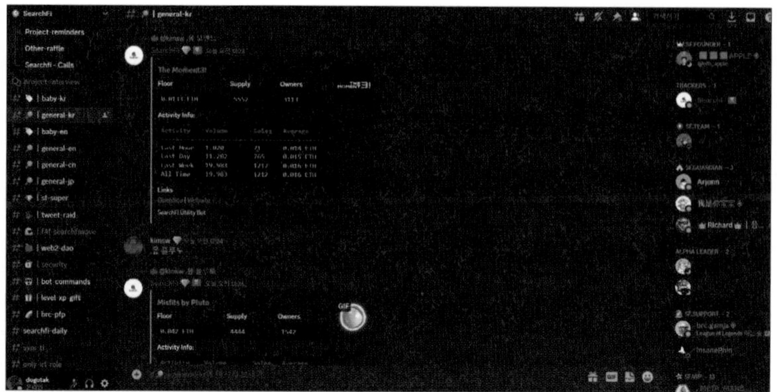

디스코드 가입 시 나오는 일반적인 화면

해당 디스코드 채널에 가입하면 다양한 채널들과 함께 본인이 원하는 정보를 얻을 수 있다. NFT 프로젝트에서 디스코드 채널을 선호하는 이유는 여러 이벤트를 진행할 수 있고, 다양한 채널 오픈이 가능할 뿐 아니라 채팅 로그 기록 저장 및 레벨 확인, 단계별 역할Role 부여 등을 관리하기 편하기 때문이다.

디스코드에 가입해서 가입자 아이디를 클릭하면 그림처럼 다양한 역할과 채팅 레벨 등을 확인할 수 있다. 디스코드는 이런 역할 구분을 손쉽게 관리할 수 있어 NFT 참여자들에게 인기가 높다.

interview

BAYC를 성공시킨 유가랩스Yuga Labs 대표

다니엘 알레그레 CEO

BAYC 성공을 발판으로 크립토펑크, 미빗(Meebit)마저도 인수하며 NFT업계의 거대 공룡기업으로 탄생한 유가랩스. 유가랩스는 게임업체 블리자드 사장이었던 다니엘 알레그레(Daniel Alegre)를 영입하며 더 큰 도약을 꿈꾼다. 그는 우리가 흔히 접한 세계적인 게임 World of Warcraft, Diablo, Overwatch 및 Candy Crush 같은 게임의 성공을 이끈 마케팅 전문가다. 게임업계 거물에서 NFT업계로 자리를 옮긴 그를 통해 NFT 시장의 과제와 미래, 그리고 유가랩스의 비전 등을 들어봤다.

Q. 유가랩스가 NFT업계 초일류 기업으로 성공한 요인은 무엇인가?

우리는 늘 커뮤니티의 발전을 생각했다. 다양한 NFT 및 토큰 에어드롭Token Airdrop, 토큰 배포으로 보유자Holder, 홀더들에게 큰 수익을 안겼다. 이런 작업들은 우리가 진행하는 BAYC 생태계 시스템 확장의 연장선상에서 이뤄졌다. 딱히 이유가 없는 '무지성' 에어드롭이 아닌 설득력 있는 이야기, 즉 '서사'가 있는 우리의 전략은 커뮤니티 홀더들의 마음을 사로잡을 수 있었다. 홀더들이 지식재산권IP을 자유롭게 활용하도록 한 전략도 주요했다. 홀더들은 자체 브랜드 구축이 어려운 만큼 BAYC 브랜드를 무료로 사용함으로써 보다 편하게 사업을 진행할 수 있었다. 우리도 커뮤니티 내 자유로운 스토리들이 쌓이고, 파트너십도 확장되는 장점을 누렸다. 일종의 바텀업Bottom-up 전략이 성공한 셈이다. 지금은 홀더들이 IP 비즈니스 계획서를 제출하면, 이 중에서 좋은 콘텐츠는 팀에서 지원하는 프로그램도 시작했다.

Q. 상승장이었던 2022년 초와 현재는 NFT 시장이 많이 바뀐 것 같다. 가장 큰 변화는?

2021년 말, 2022년 초와 비교 시 NFT 산업이 많이 침체돼 있음을 느낀다. 장기 비전이 없는 프로젝트들은 대부분 살아남지 못했다. 코로나 당시 넘치는 유동성을 등에 업고, 과장광고로 홀더들을 현혹시킨 반짝 스타 NFT들은 이제 찾아볼 수 없다. 하지만 우리를 비롯한 진정한 몇몇 빌더Builder들은 여기에 남았고, 커뮤니티를 위해 더 재미있는 경험을 제공하겠다는 사명감을 갖고 활동한다. 이제는 투명하고, 커뮤니티와 소통하면서 실현 가능한 로드맵을 제시하는 팀만이 살아남는 시대다.

Q. BAYC, 아주키, 두들스, 클론X 등 1세대 블루칩의 최저가가 크게 하락했다. NFT 몰락을 지적하며, 장기 투자에 적합하지 않다는 의견도 있는데 어떻게 보고 있나?

우리는 장기 계획을 기반으로 프로젝트를 진행하므로 최저 가격에는 집중하지 않는다. 새로운 사람들을 웹3로 최대한 많이 유도하도록 재미있고 흥미로운 경험을 최대한 개발하는 게 중요한 목표다. 다만, 앞서도 언급했듯이 우리는 단순 홀딩에 따른 수익 외 IP 사업권이라는 큰 무기가 있다. BAYC와 MAYC 등의 유가랩스 생태계 홀더들에게는 무료 IP 사용권은 비즈니스를 영위하기 위한 등불이자 기업가 여정을 지원받는 큰 도구다. 아주키, 퍼지 펭귄 등 팀에서 주도하는 IP 비즈니스 NFT도 있지만 우리는 홀더들의 다양성을 존중, 홀더 각자가 주도한다. 팀의 개입은 없다. 당신이 BAYC 햄버거 가게를 열어도 되고, BAYC 장난감을 팔아도 된다. 새로운 비즈니스가 출시되면 홀더들의 열정적 지원도 자발적으로 이뤄진다. 홀더가 햄버거 가게를 열었을 때 다른 홀더들이 찾아가 음식을 구매하고, 장난감 가게에 들러 아이들 장난감을 구매한다. 이런 혜택은 오랜 기간 다져진 유대 관계에서 나온다. 이래도 BAYC 장기 투자가 의미가 없을까?

Q. NFT 시장이 한 번 더 도약하려면 어떤 조건이 충족돼야 하나?

웹3 분야가 발전했고, 대중에게 전파됐지만 아직 기술 인프라 발전은 더디다. 새로운 웹3 참여자에게 NFT 거래는 여전히 복잡하고 보안은 취약하다. NFT업계도 문제점을 인지하고 기술 인프라 관련해 많은 투자를 진행 중이다. 웹2 궤적을 바꾼 앱스토어처럼 웹3에도 12~18개월 후에는 이에 못지않은 기술력이 완성될 것으로 기대한다. 긍정적으로 지켜봐도 좋다.

Q. 한국 투자자들에게 전하고 싶은 말이 있다면?

BAYC 생태계에 합류했으면 한다. 우리는 헌신적이며, 높은 참여도를 가진 글로벌 커뮤니티다. 특히나 아시아-태평양은 우리에게 매우 중요한 지역이다. 뉴욕에서 열린 APE FEST를 2023년 11월에는 홍콩에서 진행했던 이유기도 하다. 이때도 홀더들이 너무나 적극적으로 참여해 감동받았던 적이 있다. 일례로 홍콩 BMW와의 협업은 BAYC 역사상 가장 많은 트위터 참여를 이끌어 낼 정도로 참여가 뜨거웠다. 일본도 마찬가지다. 도쿄에서 열린 의류 브랜드 BAPE 협업 컬렉션 오픈 당시 해당 제품을 구매하기 위해 건물 밖을 여러 번 에워싸 줄 서서 기다리는 사람들의 모습도 인상적이었다. 한국에도 이런 열정적인 커뮤니티 멤버들을 소개하고, 소셜 패브릭Social Fabric, 사람들 모두가 동일한 문화 속에서 함께 어울린다는 뜻을 구축하고 싶다. 여러분과 함께 할 미래를 꿈꾼다.

NFT 개념과 역사, 그리고 최근 트렌드까지

NFT 투자를 위한 기본 준비운동을 마무리했다.

이제 본격 투자를 시작해보자.

NFT 실전 투자

01 거래소 출금 통해 메타마스크 보내기

NFT 투자를 위해선 메타마스크에 이더리움ETH을 입금해야 한다. 우선, 업비트 연동 케이뱅크 계좌에서 업비트로 투자자금을 원화로 입금한다. 이 자금으로 해외거래소로 송금할 암호화폐를 구입한다. 개인적으로는 전송 속도가 빠르고, 수수료가 저렴한 트론TRX과 리플XRP을 추천한다.

NFT 거래통화는 이더리움이므로, 업비트에서 이더리움을 구입해 메타마스크로 바로 송금하는 게 간편하지만 수수료가 너무 비싸다. 업비트의 이더리움 송금 수수료는 0.01이더리움이다. 이더리움이 300만 원임을 감안하면 3만 원의 수수료가 발생한다. 반면 리플 송금 수수료는 1리플이다. 리플 가치가 1000원이니 수수료만 30배 차이가 난다. 바이낸스 해외거래소로 리플을 송금해 리플을 매도한 다음 이더리움을 구입해 메타마스크로 전송하면 이더리움 송금 수수료 0.0012ETH약 3600원에 불과하므로, 업비트, 바이낸스를 거치는 수수료는 4600원에 불과하다. 수수료를 아끼려면 귀찮지만 업비트 → 바이낸스를 거쳐 메타마스크로 이더리움을 송금하자.

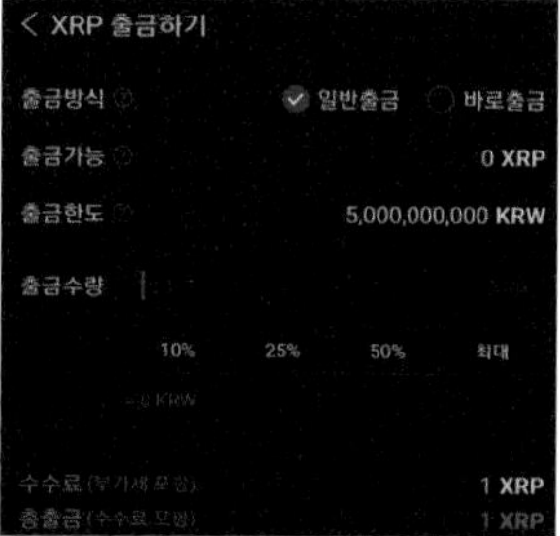

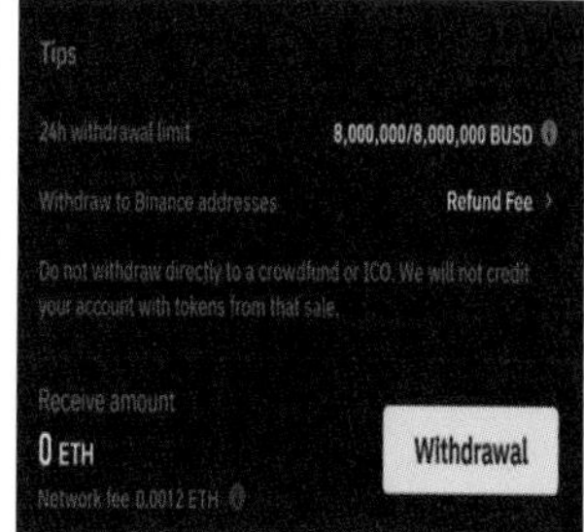

업비트에서 메타마스크로 이더리움을 바로 출금하는 것보다, 리플을 해외거래소에 보내 리플을 이더리움으로 바꾼 뒤 메타마스크로 출금하는 게 수수료가 훨씬 저렴하다.

| 국내 거래소 입출금 및 메타마스크 입금

1. 업비트 원화 입금(연동 계좌: 케이뱅크)
2. 리플 구입(해외거래소 송금용, 출금 속도가 빠르고 수수료 저렴)
3. 리플 입출금(업비트는 원화 최초 입금 시 24시간 이후 출금 가능)
   입금: 바이낸스 Deposit → 리플 → 네트워크XRP → 지갑주소(Wallet Address) 및 XPR 태그 복사
   출금: 업비트 일반 출금 XRP 수량 선택 → 복사된 바이낸스 지갑주소, XRP 태그 붙여넣기
4. 출금 확인(2채널 인증) 카카오 본인 인증
5. 출금 완료 바이낸스 입금까지 5분 소요
6. 바이낸스에서 리플을 USDT/USDC/BUSD 스테이블 코인으로 매도
7. 스테이블 코인으로 이더리움(ETH) 구입
8. 바이낸스 출금(Withdrawal) → 이더리움 네트워크(ETH-ERC20) → 메타마스크 지갑 주소 복사
9. 복사된 지갑 주소 바이낸스에 붙여넣기 → 출금(휴대폰/이메일 인증, 금액 크면 구글 OTP 카드 필요)

이제 실제로 리플을 구매한 뒤 해외거래소로 출금해 보자. 업비트에서 리플 구매 뒤 출금버튼을 누른다. 이제 바이낸스로 가서

Deposit이라는 노란색 화면을 클릭하고, 암호화폐 중에서 리플XRP을 선택한다. 그러면 입금받을 네트워크를 선택하라는 팝업이 뜬다. 이때 네트워크를 'Ripple'로 선택한다. 다른 네트워크로 지정하면 오입금으로 암호화폐를 찾을 수 없으니 반드시 주의하자.

화면에서 각 개인의 지갑주소Wallet Address와 데스티네이션 태그Destination Tag가 나온다. 지갑주소는 바이낸스 내 개인 고유의 지갑주소를 의미하고, 데스티네이션 태그는 일종의 거래소 코드다. 리플은 이 2가지 주소를 모두 입력해야 한다. 네트워크 선정 오류 외 지갑주소와 데스티네이션도 잘못 입력하면 돈을 못 찾을 수 있으니 우선 소액으로 송금해서 테스트를 거친 뒤 원하는 금액을 보낸다.

다시 업비트로 돌아와서, 입금할 바이낸스의 리플 지갑주소와 데스티네이션 태그를 복사해 입력하고 출금 신청을 누른다. 그러면 2채널 인증을 통해 카카오톡으로 본인 인증을 완료하면 최종 출금 신청이 끝난다. 업비트에서 바이낸스로 송금하면 리플은 보통 5분 내 송금이 완료된다. 바이낸스로 입금이 완료되면 리플을 USDT나 BUSD, USDC와 같은 스테이블 코인으로 매도한 뒤 이더리움을 구입한다.

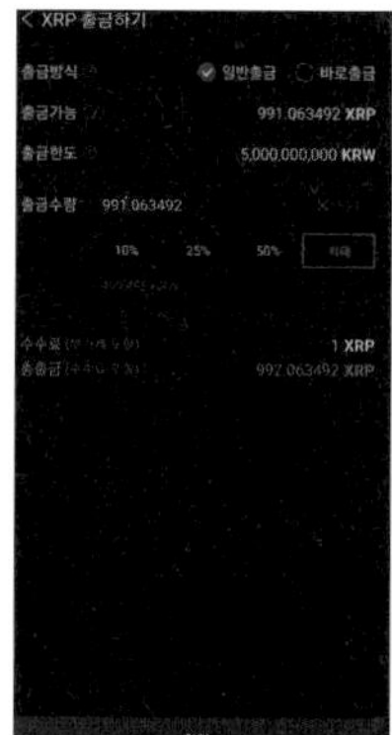

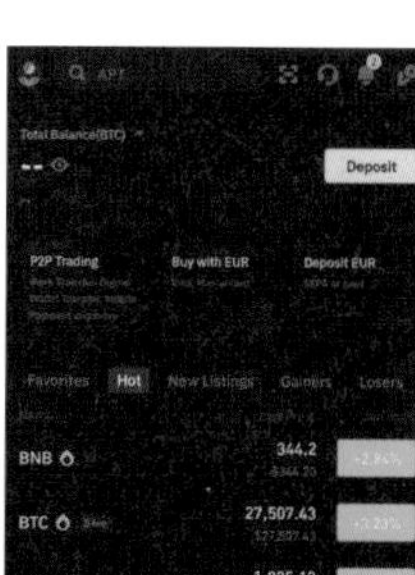

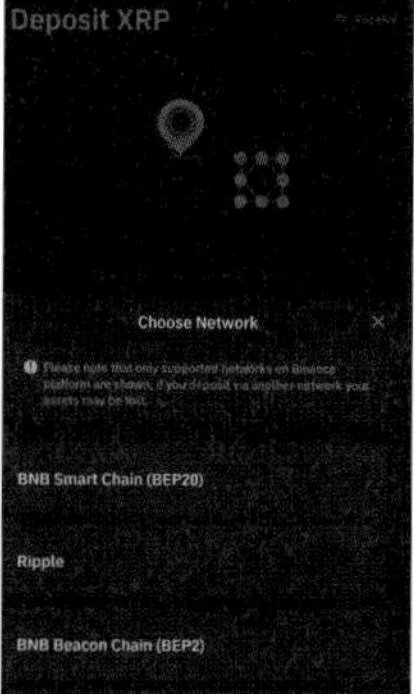

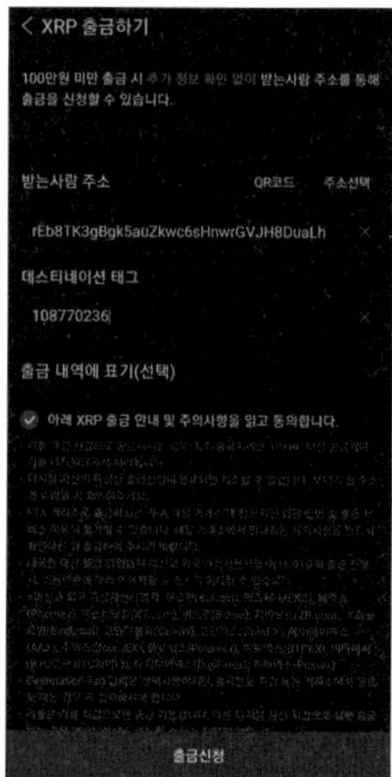

메타마스크로 보내기

이제 구입한 이더리움를 메타마스크로 보내자. 메타마스크 지갑을 열고, 맨 위쪽 0x로 시작하는 지갑 주소를 복사한다. 그리고 바이낸스 지갑에서 출금Withdrawal을 선택한 뒤 이더리움ETH을 선택한다. 그리고 크립토 네트워크로 전송하기를 클릭한 뒤, 네트워크를 ETH ERC20로 선택한다. 메타마스크에서 복사한 지갑주소를 붙여넣기하고, 보낼 이더리움 개수를 선택한 뒤 송금한다. 이때도 휴대폰과 이메일 주소 2채널 인증이 필요하다. 금액이 크면 인증키 Authenticator라고 해서 OTP 같은 6자리 구글 비밀번호를 입력해야 한다. 구글플레이에서 Google Authenticator를 설치해서 사용하면 된다. 이더리움 출금은 5~10분 내로 완료된다. 메타마스크로 이더리움이 들어왔다면 NFT 투자를 위한 6부 능선을 넘었다. 글을 보면 쉬워 보이지만 막상 처음 시도하려면 익숙하지 않아 막히는 경우들이 생긴다. 이때는 테스트로 소액부터 옮겨 본 다음 익숙해지면 그때 큰 금액들을 입출금해 보자.

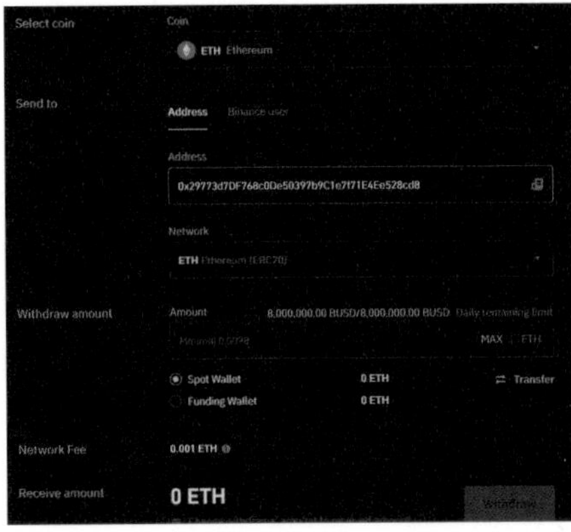

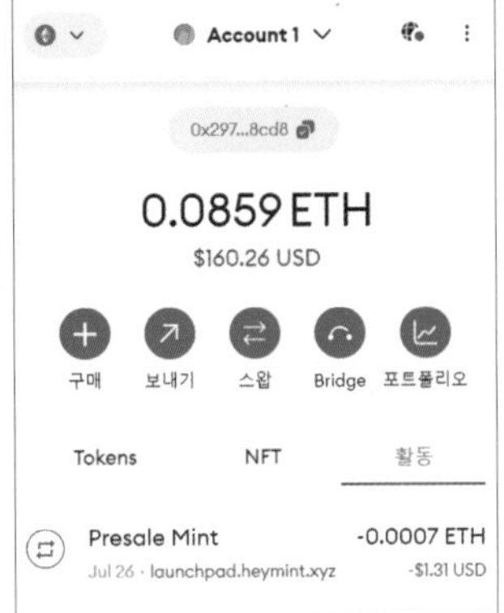

02 NFT 정보 얻기

NFT 디스코드 채널 가입

오픈씨나 블러, 매직에덴 등 유명 NFT거래소를 둘러보면 수많은 NFT들이 거래되지만 초보 입장에서는 어떤 걸 사야 될 지 고민될 수밖에 없다. 거래량만 보고 덜컥 구매하기도 부담이다. 언제 어떻게 시장 흐름이 바뀔지 모른다. 때문에 중요한 정보들을 서로 교환하는 NFT 알파 커뮤니티 가입을 추천한다.

알파 커뮤니티는 한국도 있고, 해외도 있다. 본인이 영어가 된다면 해외 알파 채널활용을 추천하지만 한국 커뮤니티가 아무래도 언어와 정서 등 여러모로 편한 점이 많다. NFT를 구입하거나 월 구독료를 내야 하는 해외 알파 채널과 달리, 한국 알파 채널들은 가입비나 멤버십 제도 없이 진행하는 곳들이 대부분이므로 진입장벽도 낮다. 다만 활동량과 커뮤니티 기여도 등을 고려해 관리되는 멤버십 수준은 달라지니 가입 뒤 활동을 열심히 해야 한다. 한국 주요 알파 커뮤니티는 아래와 같다.

커뮤니티 명	디스코드 가입자수	디스코드 주소
SearchFi	약 14만 명	https://discord.gg/searchfi
MBM	약 13만 명	https://discord.gg/MBMweb3
1 minute	약 11만 명	https://discord.gg/1Minute
Jerry alpha	약 7만 명	https://discord.gg/jerrynftjmt
82House	약 6만 명	https://discord.gg/82housenft

채널에 가입하면 일반 채팅에서 다양한 NFT 관련 주제들이 오간다. 당장 대화에 참여할 수 없더라도 눈팅을 통해 시장 분위기를 파악할 수 있다. 부담 갖지 말고 한국 알파 채널에 가입해서 정보를 얻어가자.

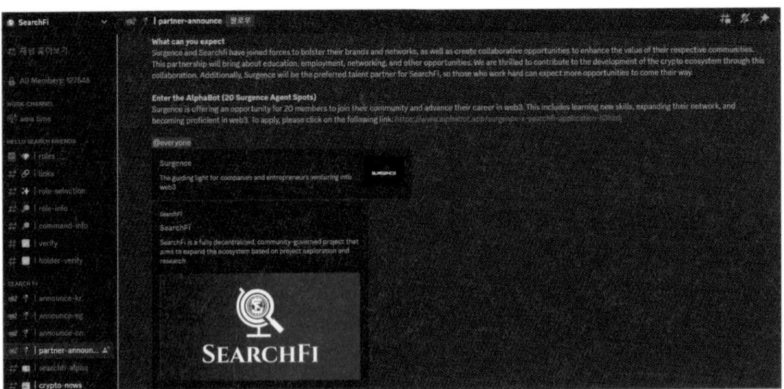

| 서치파이는 한국에서 최다 가입자 수를 보유한 NFT 알파 커뮤니티다.

좀 더 고급 정보들을 얻고 싶다면 해외 알파방을 가입해야 한다. 무료 가입 채널도 있지만 고급 정보를 공유하는 해외 알파 채널들은 자신들이 발행한 NFT를 구매해야 한다.

대표적인 알파 커뮤니티는 언더그라운드패스 Underground Pass 다. 지하 세계에서 조용히 활동한다는 의미로, NFT는 총 320개다. 극소수 NFT 트레이더들을 위한 고급 정보방이다. NFT 시장 전망, 트레이딩 아이디어 및 매매 시점 분석, 특정 NFT 현황까지 주요 정보들을 모두 다룬다. 1년 기간제 멤버십 제도를 운영하며, 1년 멤버십 비용은 최소 2~3이더리움 이상이다. 비싼 만큼 홀더들의 이력도 화려하다. NFT 프로젝트 파운더거나 유명 알파콜러 NFT 애널리스트 , 고래 NFT 가치를 수백만 달러 이상 많이 보유한 홀더 등 고수들이 수두룩하다.

언더그라운드 팀원들 면면도 화려하다. 대부분 해외 명문대에서 학업을 마쳤고, 골드만삭스 등 해외 유명 투자은행을 거쳐 NFT 시장에 뛰어들었다. 제도권 경험을 살려 정교한 분석 툴과 NFT 관련 자체 데이터베이스를 구축하고 있다. 프로젝트 파운더들과 관계를 유지하면서 해당 NFT 프로젝트 선점권을 얻는 등 다른 알파 채널과 비교해 압도적 정보의 질을 자랑한다. 팀원, 홀더 모두가 이미 NFT 시장의 고수들인 만큼 일반채팅창의 대화에서도 좋은 정보들이 오간다.

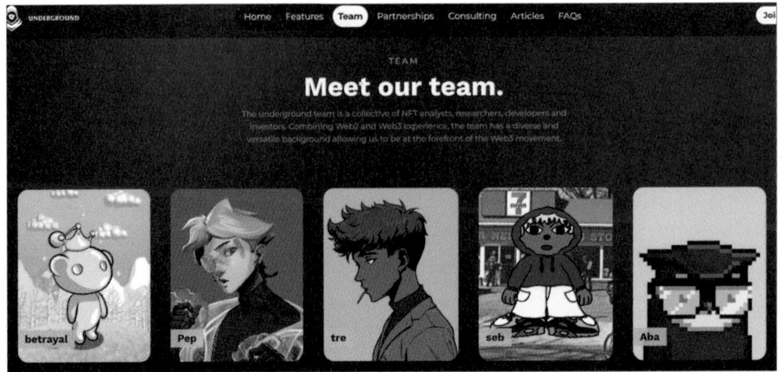

NFT 알파 커뮤니티를 유료 NFT 패스권으로 운영하는 언더그라운드. 팀원들 대부분 스탠포드 등 해외 유명대학 및 골드만삭스 등 제도권 금융기관에서의 근무경력이 있다.

1년 한정 시즌제로 1000만 원이 넘는 언더그라운드 패스 구입이 부담된다면 모멘텀, OCB, 라마버스, 주버스, 콩구 등 다양한 알파 채널 커뮤니티가 존재하니 아쉬워하지 말자. 이들 NFT 커뮤니티는 1이더리움 미만으로 구입 가능하고, 시즌제가 아닌 평생 회원제인 장점이 있다. 콩구Kongu 커뮤니티는 단결력이 끈끈하고 알파콜의 수준이 높다. 주버스Zooverse는 유명 프로젝트와 협업을 통한 NFT 화이트리스트 확보 능력이 뛰어나 투자자들 사이에서는 '가성비 갑' NFT로 유명하다. 주버스에서 좋은 화이트리스트를 당첨 받아 민팅에 성공해 매도하면 그 수익이 최소 주버스 구매비용 이상인 경우들이 많기 때문이다. NFT 투자를 제대로 하겠다는 마음가짐이라면 알파 정보를 제공하는 NFT 멤버십 한두 개 구매하는 걸 추천한다. 정보가 곧 돈이라는 말이 가장 잘 맞아떨어지는 분야가 NFT 시장이다.

주요 해외 NFT 알파 그룹 리더보드, 무수히 많은 NFT 알파 커뮤니티가 존재한다.

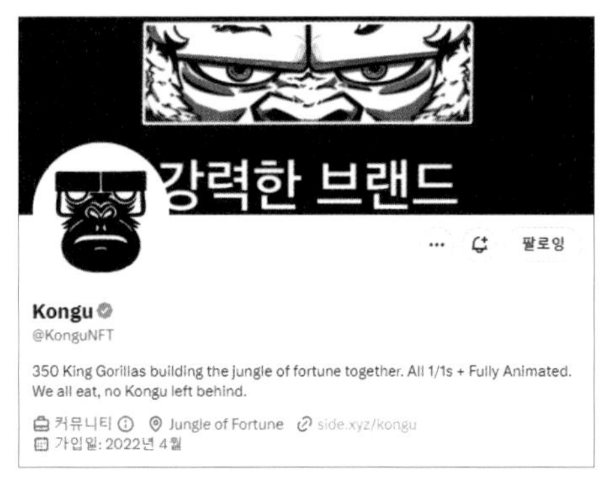

한국인들에게 가성비가 좋은 NFT 알파 패스로 Kongu, Zooverse가 꼽힌다.

〈주요 해외 NFT 알파 커뮤니티 트위터〉

프로젝트 명	트위터 주소
underground	twitter.com/underground
Llamaverse_	twitter.com/Llamaverse_
The333Club	twitter.com/The333Club
TacticalTigerz	twitter.com/TacticalTigerz
oz_dao	twitter.com/oz_dao
SteadyStackNFT	twitter.com/SteadyStackNFT
Wumbo	twitter.com/WumboLabs
Consortium Key	twitter.com/ConsortiumKey
Dres_Empire	twitter.com/Dres_Empire
SurgenceNFT	twitter.com/SurgenceNFT
KonguNFT	twitter.com/KonguNFT
FunkariNft	twitter.com/FunkariNft
atama_nft	twitter.com/atama_nft
RainbowAlpha_	twitter.com/RainbowAlpha_
DegenPasss	twitter.com/DegenPasss
TheApeList_	twitter.com/TheApeList_
CyberKongz	twitter.com/CyberKongz
PGodjira	twitter.com/PGodjira
DarkEchelonn	twitter.com/DarkEchelonn
OnChain Buccaneers	twitter.com/OCBalpha
Magma_nft	twitter.com/Magma_nft
Momentum	twitter.com/MomentumNFT_

NFT 인플루언서 트위터 활용하기

NFT 인플루언서들의 트위터를 체크하는 것도 좋은 방법이다. NFT 인플루언서들은 NFT업계 종사자들이다. 따라서 복수의 인플루언서들이 꾸준히 언급하는 NFT는 시장의 주목을 받을 가능성이 매우 높다. 특히 인플루언서들이 작성하는 NFT 스레드Thread, 실타래라는 의미로, 글자 수 제한이 있는 트위터는 여러 개의 글을 이렇게 묶어 자신의 의견을 표현함 분석 글들은 시장 트렌드 파악에 큰 도움이 된다.

대표적인 인플루언서 중 한 명인 NFTBoi는 레인보우 알파 커뮤니티를 만든 파운더로, 두들스 알파콜러로 활동하면서 유명세를 떨쳤다. 현재는 BoisAlpha라는 유료 멤버십 채널을 운영 중이다. NFTBoi는 NFT 프로젝트 분석 및 시장 전망을 스레드를 통해 표현한다. 트위터 글자 수 제한에 따른 불가항력적인 부분도 있지만 글을 단락별로 읽어 내려갈 수 있어 가독성 측면에서는 오히려 유리하다. 최근에는 트위터 블루X프리미엄 제도를 통해 유료로 일정 금액을 매달 지급하면 이 글자수 제한에서 자유로워지기도 한다.

주요 인플루언서들이 언급하는 프로젝트는 기본적으로 화이트리스트를 획득해야 한다. 다만, 인플루언서 자신의 화이트리스트 확보 획득을 위한 거짓 홍보들도 많으므로, 인플루언서의 단순 팔로워 숫자만 보지 말고 어떤 사람들이 팔로잉하는지 유심히 살펴야 한다. 주요 NFT 빌더들이 많을수록 신뢰감이 높아진다. 대표적인 NFT 인플루언서는 NFTBoi외에도 NFT 데이터분석의 대가 일명

샘Sam이라 불리는 NFTStat, 언더그라운드 팀원 Tre, Vopa 등이 있다. Hildobby도 Dune.com분석 사이트를 통해 다양한 NFT통계 데이터를 제공하니 참고하자. 왜곡된 데이터들을 잘 정제해주는 걸로 유명한 사람들이다.

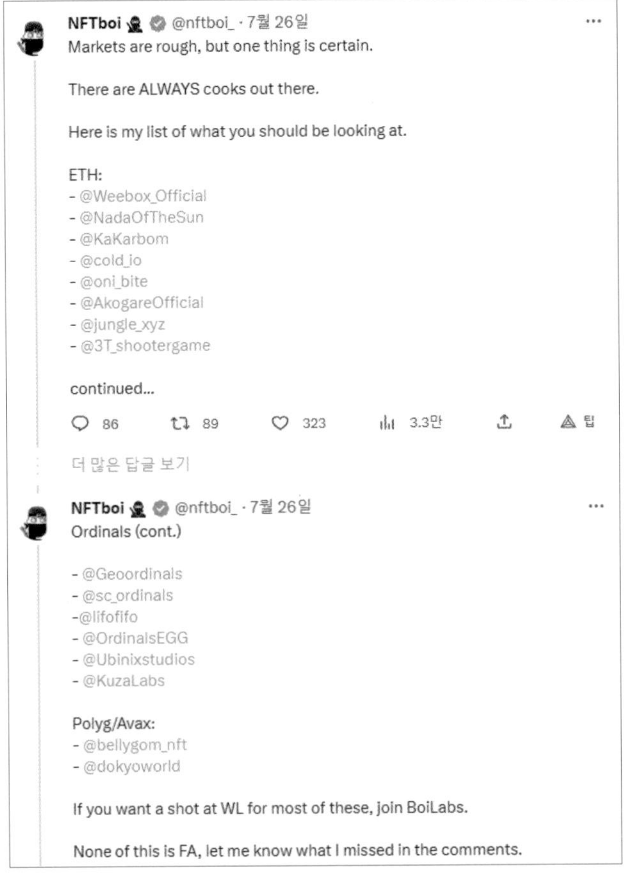

NFT 인플루언서 NFTboi는 스레드 형식으로 NFT 정보를 트위터에 작성한다.

NFT 주요 인플루언서	
@NFT Boi	@9gagceo
@Gary Vaynerchuk	@Artchick
@Tre	@Ohhshiny
@Pranksy	@Dikasso
@Gmoney	@lokithebird
@Farokh	@j1mmy.eth
@Vopa	@Hildobby
@Punk6529	@Punk9059

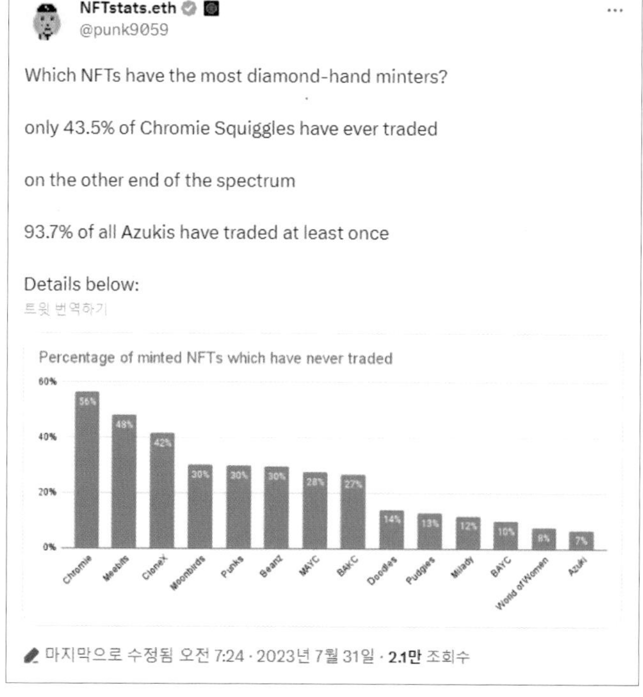

골드만삭스 출신 NFTstats는 다양한 데이터 분석을 통한 NFT 시장 분석능력이 업계 최고 수준이다.

유튜브는 시각적 효과가 더해져 더 학습효과를 높을 수 있으므로 NFT 투자 참고용으로 활용하기 좋은 아이템이다. 해외 유튜버 중에서는 프루프Proof 채널에서 운영하는 데일리 NFT 카운트다운을 꼭 챙겨보자. 매일 시장 주요 이벤트와 트렌드들을 분석해 주는 짧은 클립은 빠르게 변하는 NFT 시장 파악에 큰 도움을 준다. 프루프는 한때 100이더리움을 넘어설 정도로 초우량 블루칩 멤버십 NFT였던 만큼 동영상 정보의 퀄리티가 매우 높다. Giancarlo buys tokens라는 채널도 유용하다. 지안카를로는 NFT 최신 트렌드 요약 능력도 뛰어나지만 단순 시황에 얽매이지 않고, 전반적인 시장의 흐름의 이유와 의미, 자신의 철학까지도 상세히 전해준다.

국내에서는 NFT전문 유튜버가 드물다. 아무래도 동영상 제작, 정제된 표현 등 텔레그램이나 트위터 대비 효율성이 떨어지기 때문이다. 유튜버 입장에서는 NFT 보다 암호화페 위주로 방송하는 게 구독자 수를 높이기에도 훨씬 유리하다. 그만큼 아직 국내 NFT 투자자들이 적기 때문이다.

그중에서도 꾸준히 NFT를 메인으로 시장을 조망하는 유튜버는 두신과 코인복지사CoinBokjisa다. 두신의 경우, 영상 퀄리티도 좋고, 시간도 4~5분대로 짧아 집중력 있게 볼 수 있다. 코인복지사CoinBokjisa는 크립토계 유명 유튜버지만 NFT 정보도 수준이 높다. 둘 다 남들이 주목하지 않는 옥석 NFT 발굴에 일가견이 있다는 평가다. NFT 유튜버들은 유튜브뿐 아니라 텔레그램이나 자체 디스코드도 운영하니 이 점도 참고하자.

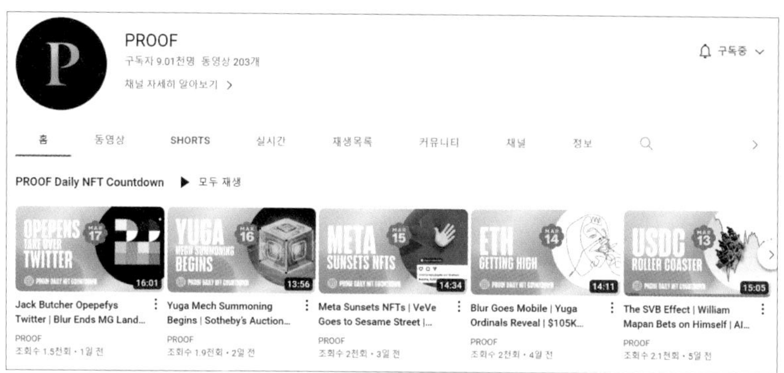

PROOF NFT 채널에서 운영하는 NFT채널, 일별 데이터 분석은 시장 트렌드를 좇는데 매우 유익하다.

두신은 한국에서 활발하게 운영되는 NFT 전문 유튜버 채널이다.

꿀팁

NFT 필터링 노하우

트위터 팔로잉, 디스코드 가입, 유튜브 구독까지 마무리됐다면 이제 수많은 NFT 정보들이 쏟아져 나오기 시작할 것이다. 과유불급이라는 말이 있듯이 너무 많은 정보는 오히려 독이 될 수 있다. 그만큼 선별적인 접근법이 필요하다. 언더그라운드에서 강조하는 NFT 필터링 5가지 원칙을 참고해 나만의 NFT 옥석가리기 능력을 키워보자.

1. 예술성

NFT 예술성은 NFT 초기 인기도를 결정하는 요소다. 아티스트가 중요하다. 사람들이 캔디 걸(Candy Girl)이라는 NFT에 열광했던 이유도 독수리 5형제, 파이날판타지의 작가 아마노(Amano)가 메인 아티스트였기 때문이다. NFT는 전체 아트를 공개하진 않지만 미리 보기(Sneak-peek, 스닉픽) 기능을 통해 일부 아트들은 공개한다. 이를 통해 시장의 전반적인 평가를 가늠해 볼 수 있다.

2. 팀(Team)

기업 경영진이 누구인지는 주식투자 시 무엇보다 중요한 투자 판단 요소다. 하물며 소규모 조직인 NFT에서는 리더의 역할이 더 중요하다. 팀원이 공개됐다면 그들의 경력을 확인하자. 기존 NFT 프로젝트 성공 경험이 있는 팀원이 출시하는 새로운 NFT는 반드시 관심을 가져야 한다.

3. 웹 사이트

NFT 프로젝트 중 종합적인 품질을 모두 갖춘 프로젝트는 드물다. 대부분 시장 유행과 트렌드에 편승하려 한다. 그런 면에서 투자자들에게 자체 웹사이트를 공개하고, 그들의 로드맵과 아트들을 공개하는 프로젝트는 매우 드물기에 주목해야 한다. 자체 웹 사이트 구축은 팀이 장기 비전을 갖고 있고, 세부사항에도 주의를 기울인다는 인상을 심어준다. 예비 투자자를 위한 최소한의 정성이다.

4. 커뮤니티

디스코드나 트위터를 통해 특정 프로젝트가 얼마나 언급되는지 살펴보자. 민팅 및 리빌 과정에서 디스코드나 트위터 채널에서 사람들이 얼마나 열광하는지 여부는 NFT 흥행을 결정하는 좋은 지표다.

5. 민팅 방식

프로젝트의 민팅 메커니즘도 중요 요소다. 민팅 가격, 총 공급량, 화이트리스트 및 공개 판매 할당량 등이 고려되어야 한다. 가격이 낮으면 투자자들의 큰 관심을 모은다. 특히 무료 민팅은 가스비를 제외하곤 손해볼 수 없는 구조라 사람들에게 인기가 많다. 공급량마저 적다면 가격의 단기적 상승 요인이 크다. 희귀도 비율을 높이면 2차 거래 및 리빌 과정에서 더 많은 거래량을 만들어낼 수 있다. 자신이 구매한 NFT 희귀도가 높아질 기대감에서이다. 반대로 민팅 금액이 높게 책정되면 비싼 만큼 프로젝트에 대한 기대가 커지게 되고, 작은 실수에도 실망 매물이 나올 수 있다.

03 NFT의 종류 분석

이제 NFT 정보들을 얻고, 이를 필터링할 능력도 갖췄으니 NFT를 구매할 때다. 그렇다면 모든 NFT가 다 디지털아트의 영역일까? 그렇지 않다. 물론 순수 디지털아트도 많지만 그 외에도 PFP, 게임, 유틸리티 등 다양한 유형이 존재한다. 유형 별로 살펴보고 각자의 선호도에 맞는 NFT에 집중하자.

PFP(Profile For Picture)

PFP는 웹3 세계에서 자신의 사회적 신분을 나타내는 프로필이다. 트위터, 디스코드, 카카오톡 오픈채팅방에서도 활용 가능하다. 사회적 신분의 표출인 만큼 플렉스Flex 성격이 묻어 있다. 래퍼 스눕독, 팝스타 저스틴 비버, 축구 선수 네이마르 등이 구매한 NFT와 똑같은 NFT 프로필을 자신도 장식하면 그들과 동급인 느낌을 가질 수 있다. 남에게 보여지는 이미지가 중요한 MZ세대들에게 좋은 어필 포인트다.

PFP는 같은 NFT라도 희귀도에 따라 가격이 천차만별이다. 희귀도가 높은 NFT는 동일 프로젝트의 최저 가격보다 몇십 배로 거래된다. 아주키 NFT 특성 중 스피릿Spirit은 총 1만 개 중 97개에 불과하다. 이 특성은 통상 최저 가격의 최소 10배 수준 이상에서 거래된다. 만약 민팅 당시 높은 희귀도가 당첨됐다면 투자자는 다른 홀더들의 일반 특성보다 훨씬 더 큰 수익을 볼 수 있었단 의미다.

단순 과시 성격이 짙지만 성공한 PFP들은 각자 장기 로드맵을 갖고 비즈니스를 구축하는 특징을 지닌다. 퍼지펭귄과 아주키는 캐릭터와 애니메이션 IP를 기반으로, 유가랩스 계열은 게임 프로젝트를 기반으로 비즈니스를 확장 중이다. 보편적이고, 일반인이 쉽게 접근할 수 있는 만큼 지금까지의 NFT시장은 PFP용이 주도했지만 최근 트렌드는 토큰이나 게임캐릭터 등 유틸리티를 더 추구하는 방향으로 변화 중이다.

아주키 최저 가격의 10배 수준에서 거래되는 아주키의 희귀 속성 스피릿(Spirit)

확실한 멤버십 위주의 NFT도 있다. 대표적인 분류가 NFT 주요 투자정보들을 알려주는 알파패스다. 일종의 멤버쉽이므로 PFP처럼 희귀도 구분은 없다. NFT 알파패스를 구매해 멤버십에 가입하면 크게 3가지를 얻을 수 있다.

우선 NFT 화이트리스트 획득이다. 유망 NFT의 화이트리스트를 추첨Raffle을 통해 쉽게 획득할 수 있다. NFT 특정 프로젝트의 화이트리스트를 커뮤니티 내에서 직접 획득하려면 오랜 시간의 노력이 필요하다. 열심히 활동했어도 화이트리스트를 받는다는 보장도 없다. 하지만 이런 래플 참여를 통해 화이트리스트를 획득하면 그만큼 시간을 아낄 수 있으니 매우 효율적이다.

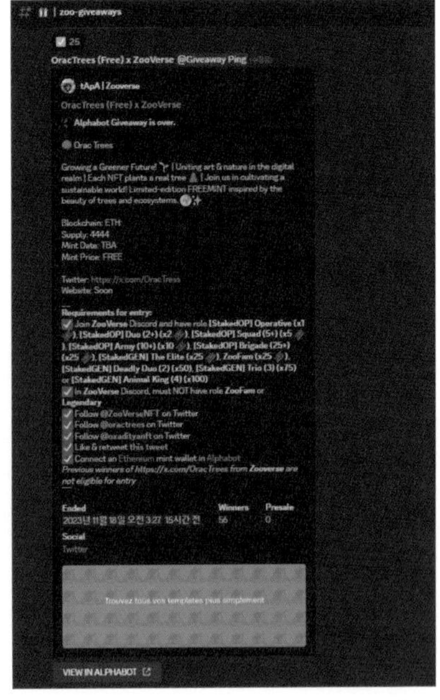

Zooverse NFT를 구입하면 홀더 전용 화이트리스트 추첨(Giveaways)에 참여할 수 있다.

두 번째는 유망 프로젝트 소개다. 2차 시장에서 유망한 NFT 매매 타이밍 소개도 포함된다. 각각의 알파 패스에는 소속 애널리스트들이 있다. 언더그라운드처럼 전용 소속 애널리스트도 있고, Porter나 NetxBigThing처럼 여러 알파 패스 채널에 소속된 경우도 있다. 애널리스트들은 발행을 앞둔 유망 NFT 프로젝트 분석과 전망 등을 멤버십 회원들에게 공유한다. 이미 발행된 프로젝트에서 새로운 이벤트나 투자 유치 소식들을 빨리 전달함으로써 홀더들이 2차 시장에서 매매할 기회를 제공하기도 한다. NFT 시장에서는 이런 사전 정보력이 곧 투자 수익으로 직결되므로 어떤 알파패스가 독점적으로 이 정보를 가져오는지에 따라 NFT 알파패스의 가격 수준이 결정된다. 알파패스 NFT는 이 외에도 수익률 분석, 자동 대량 구매, 자동 민팅 등 다양한 툴Tool을 각자 프로젝트에서 개발한 플랫폼을 통해 투자자들이 보다 손쉽게 투자할 수 있도록 돕는다.

Kongu에 가입하면 NextBigThing 같은 알파콜러의 투자 정보들도 홀더 전용으로 확인할 수 있다.

유틸리티

유틸리티 NFT는 해당 프로젝트를 보유하면 특정한 혜택을 얻는 NFT다. NFT 가격은 유틸리티 가치에 대한 기대감이 반영된다. 유틸리티는 홀더들에게 영화티켓 무료 관람, 호텔 무료 이용권 등 실생활에 유용한 혜택을 부여하거나, 홀더들이 NFT 스테이킹을 통해 토큰을 채굴할 수 있게 하는 등의 형태다.

최근 민팅을 진행한 요가펫츠Yogapetz는 이 2가지 기능이 모두 접목돼 있어 화제를 모았다. 우선 홀더들에게 해외 유수 리조트 및 항공권 예약 시 할인 혜택 등 레저 관련 유틸리티를 제공했다. 또한 홀더들에게 토큰을 채굴할 수 있도록 하고, 이 토큰을 활용해 항공권이나 숙박권 구매가 가능하도록 했다. 굳이 여행을 가지 않더라도 거래소에서 매매도 가능하도록 해 유동성 우려 또한 불식시켰다.

특히 토큰은 최근 가장 주목받는 테마다. 신호탄은 밈랜드 생태계 캡틴즈Captainz NFT가 쏘아 올렸다. 캡틴즈는 스테이킹한 홀더들을 대상으로 토큰 무료 제공 계획을 밝히면서 시장의 주목을 끌었고, 제공한 밈 토큰이 세계 최대 거래소 바이낸스에 상장되면서 홀더들에게 큰 수익을 제공했다. 원화로 최소 수천만 원에서 억 단위의 수익도 달성했다. 유명 벤처캐피탈 애니모카의 투자를 받은 그레이프The Grape도 토큰 기대감에 민팅 가격 0.039이더리움이었던 NFT 가격이 3이더리움을 돌파하기도 했고, 또 하나의 애니모카 관련 NFT인 모카버스는 토큰 발행 소식만으로도 0.7이더리움이 4이더리움으로 6배 이상 상승하기도 했다.

게임 관련 NFT들의 약진도 눈에 띈다. 게임 플레이 때 필요한 캐릭터 또는 아이템 구매에 사용될 토큰 배포 발표들이 이어지면서 캡틴즈가 쏘아 올린 NFT 상승세에 참여했다. 무료로 진행한 슈가타운, 블록게임즈는 0.6이더리움을 넘어섰고, 퓨저니스트Fusionist는 ACE 토큰 기대감에 3~4이더리움이었던 가격이 불과 1~2주 사이에 12이더리움을 넘어서기도 했다.

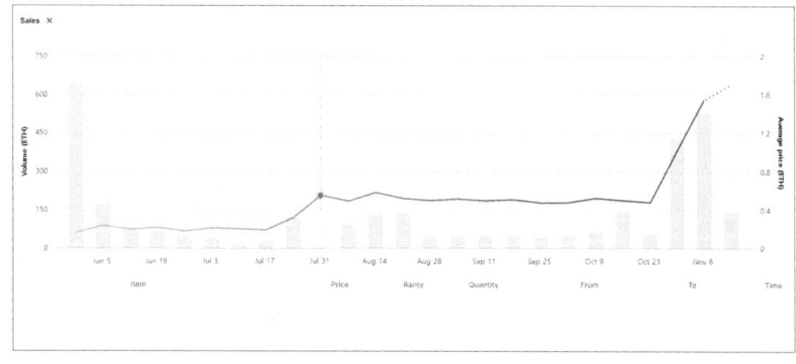

민팅가격 0.039이더리움이었던 The Grapes는 토큰 발행 소식으로 한때 3이더리움으로 75배 상승하기도 했다.

한국은 사행성 조장 이슈로 현행법상 NFT의 수익화가 불가능하다. 따라서 국내 NFT 중 게임으로 성공을 거둔 케이스는 드물다. 애니팡, 마블렉스 등 성공 케이스들도 국내가 아닌 해외에서만 투자할 수 있었다. 한국 게임업체들의 역량과 그동안의 노하우를 비춰볼 때 해외 업체들보다 월등한 성과를 거둘 기대감이 높지만 아쉽게도 법령이 개정되려면 시간이 필요할 듯하다. 그러나 언젠가는 거스를 수 없는 시대흐름을 우리나라도 받아들일 것으로 예상한다. 무시하기에는 게임 관련 NFT 시장 규모는 지금보다 수천 배 이상 상승할 것으로 보이기 때문이다.

대신 한국에서도 실생활 혜택을 부여하는 유틸리티 NFT들은 출시된 바 있다. 롯데그룹의 벨리곰, 신세계그룹 푸빌라 등이다. 홀더들은 해당 NFT를 보유하면 롯데와 신세계그룹에서 운영하는 다양한 혜택들을 온·오프라인에서 활용할 수 있었다. 일종의 제휴카드인 셈이다. 그러나 혜택들이 생각보다 단발성에 그친 점, 각종 다른 제휴 카드들과 비교해 혜택이 높지 않았던 점 등 다양한 이유로 현재는 크게 주목받지 못한 상황이다. 그러나 MZ세대들이 백화점 VIP회원의 일부 혜택을 간접 체험해 보는 등 국내 대형 유통업체들이 젊은 층을 겨냥한 마케팅을 NFT로 시도했다는 점에서 의미가 있다.

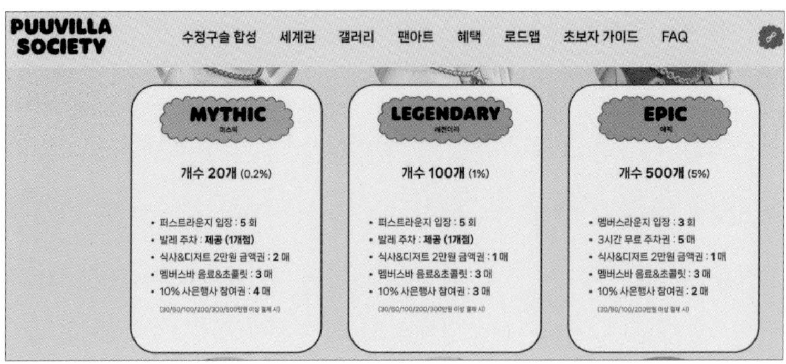

신세계그룹에서 출시한 멤버십 NFT 푸빌라(Puuvilla)

순수 예술, 디지털아트

원래 NFT의 출발점은 디지털아트였다. 오랜 기간의 역사성만큼 현재도 디지털아트 NFT의 인기는 뜨겁다. 현재도 성장 가능성이 가장 높은 시장 중 하나다. 디지털아트 콜렉터로 유명한 17마일은 "현재 아트 시장은 0.01%의 기관 투자자들만 참여한 시장으로 피델리티 등 99.99%의 기관 투자자들이 참여한다면 완전히 다른 양상을 보일 것"이라며 "암호화폐와 주식은 업사이드가 제한적이지만 아트 NFT의 업사이드는 사실상 무한대이므로 더 관심을 갖고 공부해야 한다"고 강조했다.

다만 아트 NFT는 일반 PFP나 유틸리티 NFT보다 가격이 훨씬 비싸고, 거래량이 적어 오랜 기간의 학습과 여유자금이 있어야 투자할 수 있다. 디지털아트도 아트Art인 만큼 작가 선별 능력이 있어야 하고, 같은 작가라도 어떤 작품의 내러티브서사가 더 있는지 구분할 수 있어야 한다. 굉장히 고난도의 투자 영역이다. 그렇다고 좌절할 필요는 없다. 개별 작가들을 자체 선별하고 관리하는 갤러리 형태의 플랫폼들이 있기 때문이다. 일종의 온라인 큐레이터인 셈이다. 아트 지식이 부족한 우리 같은 일반인들 입장에선 검증된 작가의 작품들을 선별해 판매하는 큐레이션 플랫폼이 시행착오를 크게 줄여 줄 수 있다.

가장 대표적인 플랫폼은 멕시코 출신 스노우프로가 설립한 아트블록Artblocks이다. 아트블록은 매주 1~2회 유망 작가들을 소개하고 투자자들이 더치 옥션 형태로 구매할 수 있도록 했다. 단순히 인기 작가 작품만 소개하지 않고, 신진 유망 작가의 작품들도 소개하며 디지털아트 문화를 선도하기 위해 노력했다.

아트블록의 옥션 플랫폼은 시장 투자자들의 큰 호응을 얻었으며, 일부 인기 작가 작품의 옥션 경쟁은 치열했지만 구매에 성공하면 다른 어떤 PFP NFT보다 좋은 재테크 수단이 되기도 했다. 아트블록 외에도 슈퍼레어Superrare, 벌스Verse, 아반 아르테Avan Arte 등 다양한 큐레이션 플랫폼을 만나볼 수 있지만 아트블록 만큼 대중성이 높진 않다. 따라서 초기 투자자라면 아트블록 위주로, 어느 정도 작품을 보는 안목이 생겼다면 슈퍼레어나 벌스, 아반 아르테로 눈을 돌려보자.

디지털아트는 단기 트레이딩보다 콜렉팅이 더 어울리는 만큼 유명 수집가 작품들을 보면서 안목을 넓혀보자. 서당개 삼월이면 풍월을 읊는다 했다. 예를 들어 본 미세스VonMises의 갤러리https://deca.art/VonMises를 둘러보자. 2019년 오토글리프Autoglyph라는 작품을 30달러에 2점 구매했다. 현재 실 거래 가격이 150~200이더리움, 한국 돈으로 4.5~6억 원 수준으로 거래된다. 60불에 구매한 작품이 10억 원에 육박하는 셈으로, 말로 설명하기 힘든 천문학적인 수익률이다. 이런 게 가능한 이유는 디지털아트 작품은 작가의 저명도가 상승할수록 기존 제품도 상승하는 경향이 강하다. 또한 첫 번째 온체인 NFT, 첫 번째 제너러티브 아트, 첫 번째 AI 아트 등 NFT 작품마다 첫 번째라는 스토리텔링이 붙은 아트 NFT는 일반인들이 접근하기 어려울 정도로 높은 가격에 형성돼 있다.

Sale	Autoglyph #449 Autoglyphs	150 WETH $289,971.00	--	1	634BFD	FF71AE	28d ago
Sale	Autoglyph #490 Autoglyphs	158 WETH $305,436.12	--	1	0xe4c	B51B0F	3mo ago
Sale	Autoglyph #203 Autoglyphs	165 WETH $318,968.10	--	1	kryptonik.eth	FF71AE	3mo ago
Sale	Autoglyph #511 Autoglyphs	190 ETH $368,066.10	--	1	584CDF	EBEF19	4mo ago
Sale	Autoglyph #346 Autoglyphs	199 ETH $385,500.81	--	1	wallet955	EscipionETH	4mo ago

크립토펑크를 처음 출시한 라바랩스에서 만들어 2019년 약 30불에 거래된 Autoglyph, 4년이 지난 2023년에는 거래가격이 150~200이더리움, 약 4.5~6억 원에 이른다.

최근 디지털아트의 흥미로운 대목은 NFT 구매자에게 동일한 작품을 실물로 지급한다는 점이다. AI분야의 대가로 각종 수상경력을 자랑하는 레픽 아나돌 작가가 2023년 8월 발행한 '야와나와의 바람Winds Of Yawanawa' 작품은 NFT 구매 시 야와나와 부족 추장의 서명이 새겨진 실물 작품도 제공한다는 점에서 큰 인기를 얻었다. 지구온난화로 서식지가 사라질 위기에 처한 아마존 야와나와 부족의 기금 마련을 위해 제작된 NFT인 만큼 작가와 추장의 친필 서명이 들어간 NFT와 동일한 실물 작품을 받을 수 있다는 점은 1+1을 넘어서는 개념이었다. 디지털아트가 웹3 경계를 넘어 웹2 공간에 진입하는 순간이었다. 레픽 아나돌은 스튜디오에 소속되지 않은 개인 아티스트였음에도 오픈씨 거래량 순위에서 상당 기간 1위를 기록할 정도로 시장에 큰 반향을 일으켰다. 레픽 아나돌 이후에도 링거스Ringers로 유명한 드미트리 체르니악, 눈을 활용한 다양한 작품을 전시해온 루이스 폰체Luis Ponce 등 여러 NFT 작가들이 실물 제품을 제공하는 혜택들을 앞다퉈 내놓으며 'NFT+실물' 패키지 유행을 더 이어 나갔다.

AI아트의 거장 레픽 아나돌은 아마존 부족을 돕기 위한 성금운동 프로젝트인 야와나와의 바람(Winds of Wayanawa) NFT 구매 시 실제 작품도 배송하는 1+1 아이디어로 큰 호응을 얻었다.

04 NFT 투자 시점

NFT 투자시점은 언제 해야 제일 좋을까? 물론 프로젝트의 목표가 명확하고, 유명 벤처캐피탈로부터 투자받은 자금도 풍부하다면 시황에 연연하지 않고 좋은 성과를 거둘 수 있다. 하지만 NFT 시장도 경제와 암호화폐 시장의 흐름에 큰 영향을 받으므로 거시적인 부분을 무시할 수 없다. NFT는 기본적으로 암호화폐 시장이 상승 또는 하락 흐름을 마감하고 보합권일 때가 가장 높은 상승세를 보인다. 좋은 투자 진입 시점은 상승세 초입에 들어갈 때라 판단된다.

암호화폐 시장 안정기에 진입

암호화폐 시장을 상승세와 하락세를 나눠 보자. NFT의 메인 통화나 다름없는 이더리움이 강세를 보이면 NFT 투자자들은 판매욕구가 커진다. 같은 1이더리움이라도 이더리움 가치가 200만 원에서 400만 원으로 상승하면 그 자체로도 2배 수익률이기 때문이다. 또한 암호화폐 상승장이 오면 NFT보다 암호화폐에서 수익을 얻을 기회가 커지므로 NFT 거래량이 하락한다. 따라서 암호화폐 상승장에서는 NFT 가격이 하락하는 모습을 보인다.

암호화폐 시장 급락기에도 NFT가 하락한다. 이때는 상승 장일 때보다 하락 폭이 더 큰 편이다. 암호화폐 시장이 급락하면 모두가 공포감을 갖는다. 암호화폐 시장보다 유동성이 훨씬 적은 NFT는 더 심한 공포감이 생긴다.

암호화폐 시장 하락세가 진정되면 NFT는 다시 상승세를 맞이한다. 이더리움이 하락해 원화나 달러로 표시되는 NFT 실구매 가격도 낮아져 블루칩 NFT들을 저렴한 가격에 구매할 기회가 될 수 있다는 판단에서다.

따라서 암호화폐 시장이 상승세를 보이는 시점에 NFT를 주목하고, 완연한 안정세를 보일 때 익절을 고민해 보자.

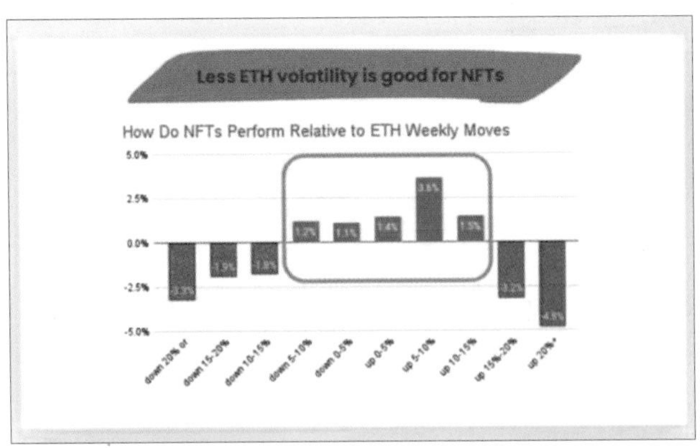

NFT 시장은 기축 통화인 이더리움이 보합세를 보일 때 수익률이 좋았다.

05 투자의 기본, 화이트리스트(Whitelist) 얻기

서론이 길었다. 이제 본격적인 투자 세계로 진입한다. 처음부터 무리한 투자는 금물. 발행 시장, 즉 1차 시장만 접근하는 방법을 알아보자.

화이트리스트를 얻어야 한다. 그래야 남들보다 먼저 저렴한 가격에 민팅NFT 구매할 수 있다. 화이트리스트를 얻는 방법은 다양하다. 가장 일반적인 방식은 해당 NFT 프로젝트 디스코드 채널에서 활동하는 방법이다. 커뮤니티에서 주어지는 다양한 미션들을 달성하고, 등급을 서서히 올려가며 화이트리스트 역할을 받는다.

채팅 레벨로 관심도 표명

화이트리스트를 얻기 위해서는 본인의 프로젝트 관심도를 증명해야 한다. 가장 대표적인 판단 근거가 채팅레벨이다. 채팅을 하면 XP라는 경험치가 생긴다. 보통 1분에 1번씩 부여된다. 이 경험치가 쌓일 때마다 채팅 레벨이 5, 10, 15 등으로 올라간다. 레벨이 높아질수록 화이트리스트 조건을 달성할 가능성이 높다. 어떤 프로젝트는 5레벨만 달성해도 화이트리스트를 부여하지만 어떤 프로젝트는 난이도를 높이기 위해 10레벨 이상을 요구하기도 한다. 명확한 기준이 없어 채팅을 수천 개에서 수만 개를 기록해야 화이트리스트를 받는 경우도 있다. 때문에 갈아 넣는다는 표현으로 그라인딩Grinding이라는 용어가 등장했다. 한창 NFT가 뜨거웠던 시기에는 밤을 새는 경우도 허다했다. 다만 지금은 NFT시장의 약세를 보인 뒤 그라인딩은 많이 사라진 추세지만 일부 NFT 알파 커뮤니티에서는 채팅 레벨 수준으로 활동성을 판단하고, 우대권을 부여하기도 한다.

디스코드에서는 채팅 레벨마다 역할을 부여할 수 있다.

꿀팁

그라인딩, 챗굴

채팅은 1분마다 1번의 경험치가 쌓인다. 여기에도 꿀팁이 숨어 있다. 바로 Mee6 멤버십 구매를 통해서다. 디스코드 채널은 여러 봇(Bot)들을 통해 관리된다. 그중 채팅 레벨은 Mee6라는 Bot을 통해 관리하는 경우가 많다. 자체적으로 관리하는 프로젝트들도 있지만 대부분 디스코드 채널이 이미 개발된 Mee6 플랫폼을 활용한다. 만약 우리가 연 90달러, 한국 돈 약 13만 원을 투자하면 이 플랫폼을 Mee6 멤버십이라는 이름으로 구매할 수 있다. 이 플랫폼을 구매해 사용하면 디스코드에서 1분마다 쌓이는 경험치를 평소 대비 50% 높일 수 있다. 다른 참가자가 1시간 걸려 달성할 레벨을 30분으로 단축시킬 수 있다는 의미다. Mee6 사이트(https://mee6.xyz/en)에 접속해, 디스코드와 연결한 뒤 유료 구매 프로그램 중 라이프타임 또는 연 구독료를 가입한다. 이렇게 구매한 Mee6를 자신이 가입한 디스코드 서버와 연결하면 된다. 시간은 금이다. 최대한 효율적으로 채팅 레벨을 올리자.

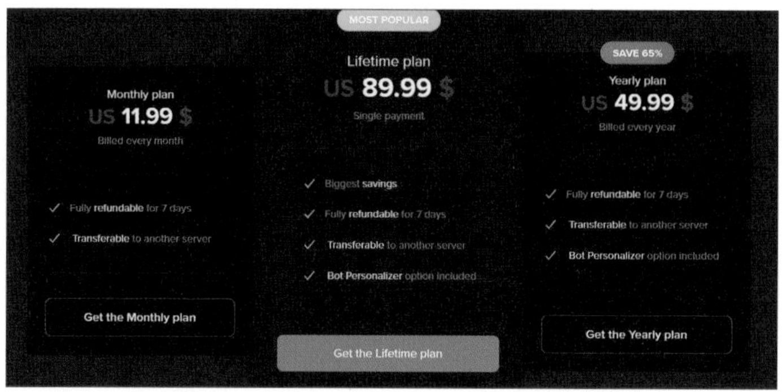

트위터 활용

최근에는 프로젝트에 대한 관심과 애정을 외부로 표현하는 예비 투자자들에게 화이트리스트 혜택이 더 가는 분위기다. 보다 많은 사람들에게 NFT 홍보가 된다 판단하기 때문이다. 그래서 각광받는 방식이 트위터 홍보다. 트위터에서 NFT 관련 글을 작성한 뒤 해시태그를 통해 홍보하면, NFT 프로젝트 입장에서는 예비 홀더들의 트위터 글들을 통해 자신들의 NFT를 알리는 바이럴 마케팅 효과를 누릴 수 있다. 디스코드 내에서만 활동하는 채팅보다 훨씬 더 질적으로 높은 홍보수단으로 판단하는 추세다.

NFT 프로젝트에 대한 홍보를 트위터 해시 태그를 통해 꾸준히 진행하면, 팀으로부터 대외홍보의 대가로 화이트리스트를 받을 수 있다.

꿀팁

트위터 레이드

트위터는 글자 수 제한으로 인해 스레드(Thread, 실타래)라는 형태로 여러 개의 글을 연결하며 NFT 프로젝트에 대한 소개 및 자신만의 분석 글을 작성하는 형태들이 많다. 인플루언서들이 많이 활용하는 방식이다. NFT 팀 입장에서는 예비 투자자들이 스스로 프로젝트를 공부하고, 그 내용들을 대중들에게 공유하는 스레드 분석 글을 선호한다. '자체 공부→홍보→관심증대→인지도 향상'의 선순환 구조가 이어진다는 판단에서다. 또한 팀이 직접 작성하는 게 아니라 일반 개인들이 작성하는 글들이라 과도한 홍보성 글처럼 보이지 않는 장점도 있다. 따라서 팀에서는 보다 깊이 있고 정성 담긴 스레드 분석 글을 많이 쓰는 투자자들에게 화이트리스트 선정 혜택을 부여한다.

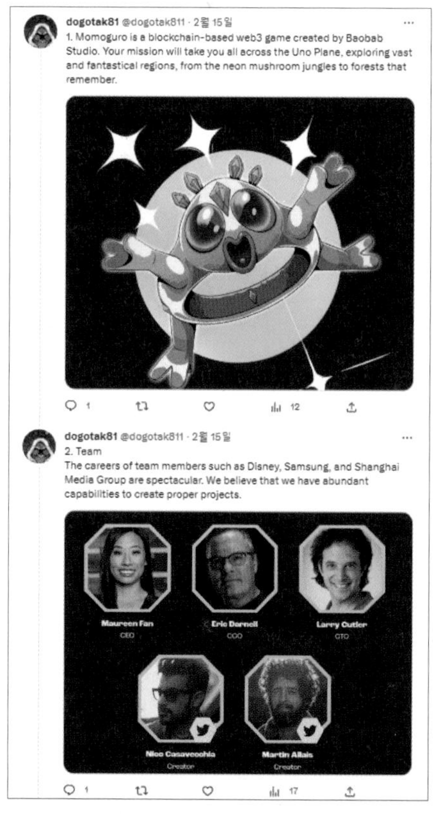

팬아트 = 아이패드로 그림 연습을

채팅 외 화이트리스트를 받기 위한 가장 대표적인 방식이 팬아트Fan-art다. 팬아트는 NFT 프로젝트에서 희귀도가 높은 일부 아트들을 공개하면, 그 아트들을 팬들이 오마주한다는 형태다. 작품형식에 제한은 없지만 대부분의 프로젝트들은 디지털아트를 선호한다. 대회를 통해 선발하기도 하고, 꾸준히 팬아트 채널에서 좋은 아이디어를 제시하거나 작품 퀄리티가 높은 아트들은 핸드픽Hand-pick으로 화이트리스트로 선정되기도 한다.

독수리5형제 작가가 진행한 NFT 캔디걸 팬아트 채널에 올라온 참여자들의 작품, 해당 작품들은 투표나 팀 회의를 거쳐 우수작에게는 화이트리스트가 주어진다.

팬아트는 숨은 고수에게

NFT 프로젝트가 인기를 얻고, 팬아트 수준이 점점 높아지게 되면 화이트리스트 선정기준도 높아진다. 초반에는 엉성한 그림들도 화이트리스트로 채택되지만 대중들의 관심을 받으면 추후에는 전문 작가 수준의 퀄리티가 필요하다. 팬아트 취지와 멀어진 셈. 그렇다고 포기해야 할까. 아니다. 편법이지만 '숨은 고수' 사이트나 미술을 전공한 지인을 활용해 팬아트 위탁(?)을 맡겨보자. 다만 일정 금액의 비용이 필요하므로 확실한 프로젝트에서만 찬스카드로 활용하자. 장기적으로는 아이패드 등을 통해 디지털아트를 배워두는 게 좋다. 가끔씩 속도와 물량공세가 중요할 때도 있어서다.

초대 = 가입자 수를 늘려라

많은 사람들을 디스코드 채널로 초대해도 화이트리스트로 선정될 수 있다. 1000명이 가입한 프로젝트보다는 1만 명이 가입한 프로젝트에 눈길이 가는 건 당연지사. 그래서 NFT팀은 디스코드 채널 오픈 초반에 초대 이벤트를 하는 경우가 많다. 제한된 기한 내 1인당 5~10명을 추가 가입시키면 화이트리스트를 부여하는 식이다. 디스코드 채널 내 왼쪽 상단을 클릭하면 팝업이 뜬다. 이 팝업에서 '초대하기'를 클릭하면 개인별로 초대링크가 생성된다. 이 링크를 친구들에게 보내 해당 디스코드로 가입시킨 뒤 디스코드 내 초대채널에서 명령어 !invites 또는 /invites를 통해 자신이 몇 명 초대했는지 확인한다. 초대한 상대방이 나가면 초대 명수에서 제외되니 화이트리스트를 받기 전에는 해당 채널에서 나가지 않도록 관리해야 한다.

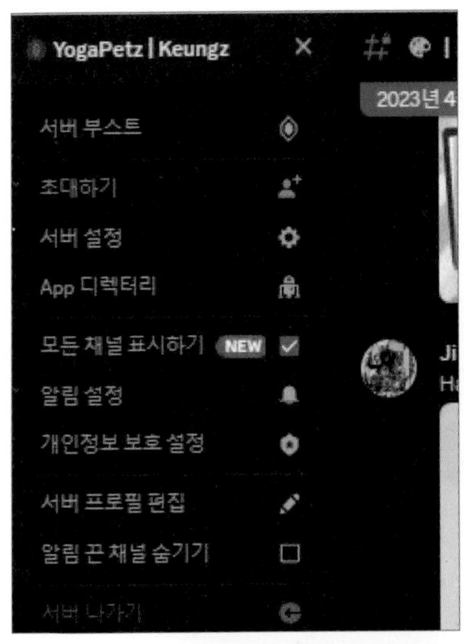

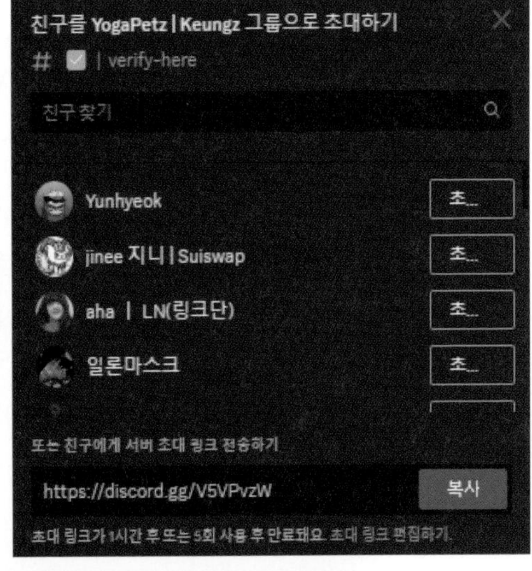

디스코드 채널에서 자신의 고유 초대코드 생성하면 해당 코드로 몇 명이 입장했는지 팀에서 확인할 수 있다.

다계정 위해 가상 디스코드 계정 구입

초대 이벤트는 속도전이다. 하지만 지인에게 일일이 부탁하기 번거롭다. 예전에는 초대만 전문적으로 해주는 유틸리티 NFT도 있었다. 해당 프로젝트에서 3000명의 디스코드 회원을 확보하고 있기 때문에 1일 최대 100명씩 초대가 가능했다. 하지만 유지보수가 꾸준히 필요해 해당 NFT의 유지기간은 오래가지 못했다. 그렇다고 방법이 없지 않다. 구글 검색을 통해 디스코드 가입자 구매가 가능하다. 일종의 유령 회원을 확보하는 셈이다. 디스코드 아이디 10개를 구입하면 해당 디스코드 아이디와 비밀번호가 이메일을 통해 전송된다. 각각의 디스코드 아이디를 활성화시킨 다음, 본인이 받은 개별 초대링크를 타고 가입하면 초대 횟수가 채워진다. UseViral, Accfarm 등 인터넷 리뷰를 확인한 뒤 안전한 사이트를 통해 구입해보자.

USEVIRAL | Services | Customer Reviews | Check Order | Supp

BUY DISCORD ACCOUNTS WITH TOKEN

Buy Discord Accounts with Token with Fast Delivery

UseViral offers only the highest quality services. Buy safely and securely below:

10 Discord Accounts - $13

- Guaranteed Delivery
- High Quality Discord Accounts
- 100% Safe & Private
- 24/7 Support

귀찮다, 래플로 승부

지금까지 언급된 건 주로 자체 활동을 통해 화이트리스트를 얻는 방식이었다. 하지만 인기가 높은 프로젝트는 워낙 경쟁이 치열해 열심히 노력해도 화이트리스트를 못 받을 수 있다. 노력 대비 성과가 없으면 허탈하다. 또 인기 있는 모든 프로젝트들에 시간을 투입해 참여하는 것도 효율성이 떨어진다.

이때는 추첨시스템을 적극 활용하자. 기브어웨이Giveaway라 불리는 래플 시스템은 서치파이와 같은 한국 알파 채널 외 주버스, 콩구 등 해외 알파 채널에서도 신청할 수 있고, 특정 NFT를 보유해도 해당 NFT 자체적으로 홀더 대상 래플을 진행한다. 예전에는 당첨자 확인 및 지갑 제출 등이 수기로 진행됐지만 지금은 알파봇Alpha bot이라는 래플 전문 프로그램이 있다. 알파봇을 통해 래플 신청, 스케쥴 관리, 중복 당첨 여부 등을 한눈에 파악할 수 있어 편리하다. 해당 사이트Alphabot.app에 들어가 깔때기 화면을 클릭하면 자신이 가입한 커뮤니티, 당첨된 프로젝트 등을 필터링해서 확인할 수 있다.

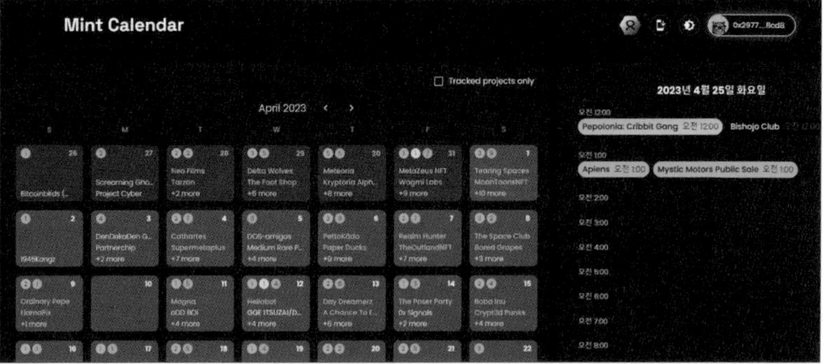

알파봇(https://www.alphabot.app/)에서는 화이트리스트에 당첨된 프로젝트는 녹색으로 캘린더에 표시돼 당첨자들이 일정을 놓치지 않도록 도와준다.

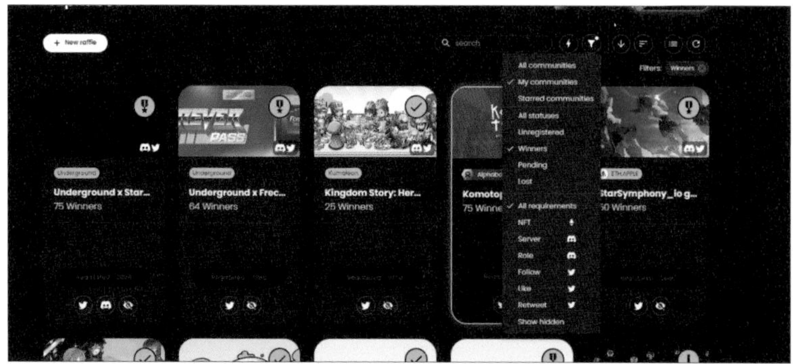

▍ 알파봇(https://www.alphabot.app/)에서 화이트리스트 당첨 목록, 미신청 목록 등 다양한 카테고리를 제공해 준다.

아래 그림처럼 우측 상단을 클릭해, 디스코드와 트위터를 연결한다. 민트 월렛 주소를 클릭해 민팅에 사용할 개인 지갑 주소를 입력한다. 디스코드 채널마다 다른 지갑 주소를 만들어 복수 당첨을 노리자.

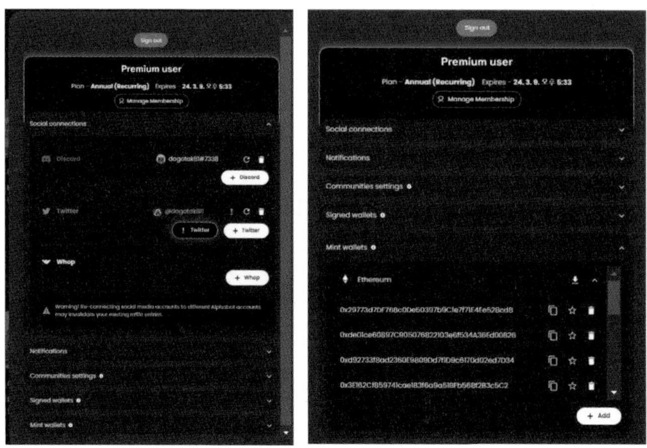

래플 신청 절차도 간단하다. 해당 NFT 프로젝트 공식 디스코드 가입, 트윗 팔로우 및 리트윗 등의 기본 조건들을 달성한 뒤 등록버튼을 누르면 된다.

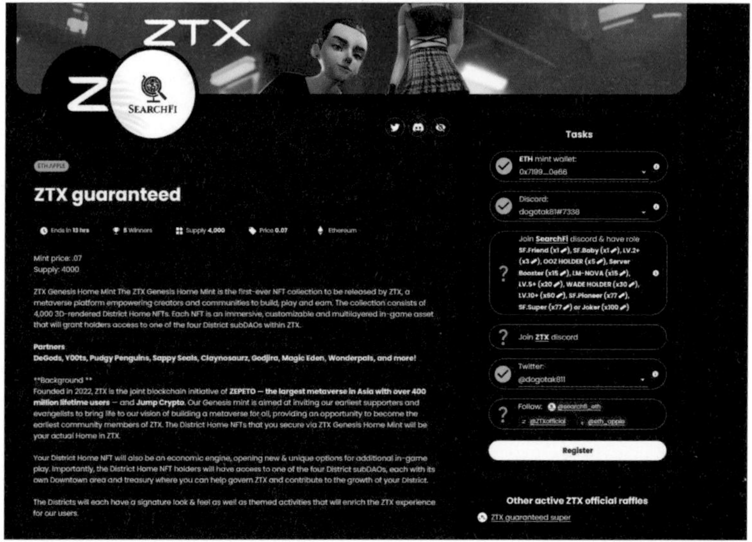

알파봇 화이트리스트 신청 등록 화면

06 민팅 전략

화이트리스트를 얻으면 등록된 지갑을 통해 정해진 민팅 일자에 맞춰 민팅을 해야 한다. 최근 추세는 별도 지갑 제출 없이 바로 해당 프로젝트에 자동으로 지갑이 등록되는 DTC Direct To Contract 형태라 편리하다. 일일이 엑셀파일로 정리할 필요가 없어졌다.

NFT 초기 시장에는 화이트리스트를 얻으면 대부분 큰 수익을 안겨줬다. 따라서 민팅 여부에 대한 고민이 적었다. 하지만 지금은 다르다. 화이트리스트가 있다고 무조건 수익이 보장되지 않는다. 따라서 민팅 당일 여러 조건들을 체크하면서 진행해야 한다.

확정 화이트리스트(사전판매권), 민팅 끝까지 지켜봐야

확정 화이트리스트 Guaranteed Whitelist 라면 급할 게 없다. 프로젝트마다 차이가 있지만 확정 화이트리스트 민팅 기간은 적게는 1시간, 많게는 12~24시간이다. 민팅이 얼마나 진행됐는지, 오픈씨 등 NFT거래소를 통해 거래 가격을 꾸준히 체크한다. 만약 오픈씨 최저 가격이 민팅 가격보다 싸다면 민팅할 필요가 없다. 오픈씨에서 사는 게 유리해서다. 하지만 대부분 이런 언더컷Under Cut: 민팅 가격 보다 최저 가격이 낮음 상황이면 프로젝트가 대부분 실패하니 오픈씨든 민팅이든 구매하지 말고 기다린다. 마지막 반전이 발생할 수 있으니 확정 민팅은 최대한 주어진 시간을 활용하자.

2023년 5월 31일 진행된 포도The Grape라는 프로젝트도 민팅 초반에는 민팅 가격보다 낮은 가격에 거래가 이뤄졌다. 하지만 확정 민팅 마감이 다가오면서 민팅하는 수량이 급증하면서 완판됐고, 현재는 민팅 가격 0.039이더리움을 넘어 3이더리움에 육박한 상황이다.

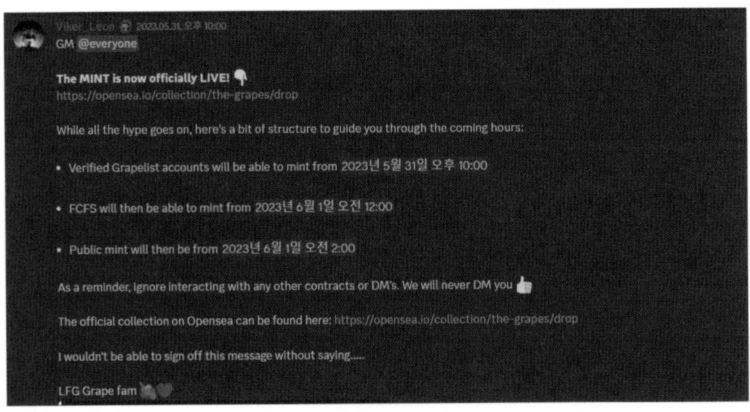

The Grape 코인의 디스코드 채널에서 공지한 민팅 참여 시간, 해당 공지를 통해 확정 화이트리스트와 경쟁 화이트리스트들의 참여 시간대를 파악할 수 있다.

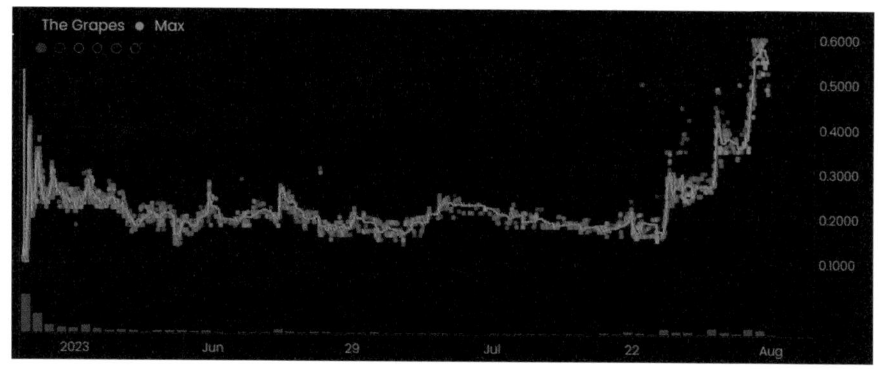

The Grape NFT는 민팅 마감이 임박하면서 상승세를 탔다. 최대한 지켜보면서 마지막에 민팅했다면 높은 수익률을 달성할 수 있었다.

경쟁 화이트리스트(First Come First Service, FCFS)

반면 경쟁 화이트리스트라면 얘기가 달라진다. 어느 정도 인기 프로젝트라면 의사결정을 빨리 해야 한다. 경쟁 화이트리스트는 보통 확정 민팅 이후 진행되므로 확정 화이트리스트 물량이 완판됐고, 오픈씨 바닥가격도 높게 형성된다면, 민팅 시작과 동시에 클릭해야 승산이 있다. 2023년 12월 12일 민팅을 진행한 매트릭스 쿠쿠의 경우, 확정 화이트리스트 민팅 가격은 0.398이더리움, 최저가격은 2.5이더리움에 거래되면서 경쟁 화이트리스트는 가스비로 최소 0.2이더리움을 추가해 구매한 사람들이 민팅에 성공할 수 있었다. 민팅 가격의 약 절반을 가스비로만 사용한 셈이다. 그럼에도 전체 비용은 0.598이더리움이었으므로 최저 거래 가격 2.5이더리움보다는 약 1.9이더리움이 낮으니 민팅에 성공한 뒤 바로 판매했다면 10초만에 최소 600만 원의 수익을 볼 수 있었다.

가스비 전쟁 참전 전략

경쟁 화이트리스트를 얻기 위해서는 가스비 전쟁이 필요하다. 이더리움 체인에서는 높은 가스비(거래 비용)를 지불하는 사람의 거래부터 먼저 처리한다. 우선 오픈씨에 들어가서 저렴한 NFT를 클릭해 구매 버튼을 클릭한다. 그러면 구매 확인을 누르기 전 여우 모양의 시장 버튼 탭을 클릭한다. 가스요금 편집이라는 팝업창이 뜨면 고급설정으로 들어간다. 그러면 가스 요금을 선택할 수 있다. 기본 500/500으로 설정하면 가스비가 대략 0.11ETH가 소요된다. 가스비용으로 25만 원 이상 투자해야 한다는 의미다. 비싸지만 NFT 투자로 0.3이더리움 수익을 안겨준다면 거래비용과 NFT거래소 수수료를 감안해도 수익이다. 따라서 인기 프로젝트들의 경쟁 민팅 때는 가스 전쟁(Gar War)이라 불릴 정도로 높은 가스비를 설정하고 민팅을 진행해야 할 수도 있다.

반대로 확정 화이트리스트도 완판되지 않고, 최저 가격도 민팅 가격 근처라면 시장 상황을 지켜봐야 한다. 이런 상황에서는 NFT 프로젝트 팀에서 매진 및 거래 활성화를 위해 2가지 호재를 발표할 수 있으므로 NFT 공지사항을 유심히 살펴봐야 한다. 첫 번째는 바이백Buy Back이다. 민팅 가격보다 낮은 판매가격을 프로젝트가 매입해 민팅 가격 이상을 유지함으로써 민팅을 유도, 완판을 노리는 전략이다. 두 번째는 수량 컷이다. NFT 수량을 1만 개로 책정했으나, 민팅 기간 5000개만 판매됐다면 프로젝트에서 의사결정을 통해 공급량을 줄이면서 완판을 유도한다. 이런 호재들이 있다면 단기 가격상승 요인으로 작용된다.

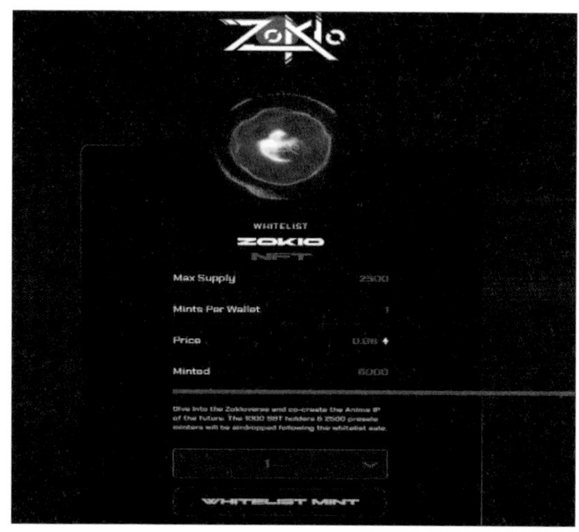

대부분 NFT 프로젝트는 자체 민팅 사이트를 통해 투자자들 민팅을 진행한다. Zokio 프로젝트는 민팅 개수 6000개가 모두 완판되었다.

07 홀딩전략

페이퍼핸드가 진리, 수익을 빨리 확정

NFT 민팅 뒤 보유 기간에 대한 의사판단도 중요하다. NFT 트레이더들은 민팅하자마자 판매하는 페이퍼핸드 전략을 선호한다. 화이트리스트 1개보다는 다계정을 통해 5~10개 획득을 목표로 한다. 1개를 팔아 10만 원을 벌기보다 10개를 팔아 100만 원을 버는 게 타겟이다. 물론 페이퍼핸드는 프로젝트의 장기 성과 또는 블루칩을 보유할 가능성은 낮아진다. 하지만 프로젝트가 대부분 단기 인기 요인들이 많다는 점, 로드맵을 1년 이상 끌고 가기 어렵다는 점을 감안하면 최소한 잃지 않는다는 점에서 중요한 전략이다.

꿀팁

거래소에서 NFT 판매하는 법

NFT는 어떻게 팔 수 있을까?

첫 번째는 최저 가격을 체크하면서 자신이 원하는 가격에 판매하는 방식이다. 오픈씨를 예로 들면 자신이 보유한 NFT를 클릭하면 자신의 NFT 화면과 함께 우측 상단에 List for Sale이라는 팝업이 뜬다. 이를 클릭하면 NFT 판매할 수 있는 화면이 나온다. 자신이 원하는 가격을 입력하고, 리스팅 기간 입력과 함께 창작자 수수료(Creator Fee)를 0~5% 선에서 정한다. 비용을 아끼기 위해 보통 최소 수준으로 설정한다. 그리고 리스팅(판매 개시)을 승인하면 된다. 오픈씨의 NFT 액세스 권한 승인 메시지가 빨간색 글자로 뜨더라도 당황하지 말고 거래 확인을 누르자. NFT의 첫 리스팅에는 일정 수준 수수료가 나가게 된다.

2번째는 오퍼 가격 수락이다. 자신의 NFT를 원하는 구매자의 오퍼(Offer, 매수) 가격 제안을 수락하면 빠른 판매가 가능하다. 통상 가장 비싼 오퍼 가격을 수락한다. 이 방식은 가격이 급락하는 구간에서 유용하다. 다만 오퍼 가격 수락 시에는 자신이 원하는 가격보다 낮은 가격에 팔아야 하며, 거래 수수료도 매도자가 지불해야 한다는 단점이 있다.

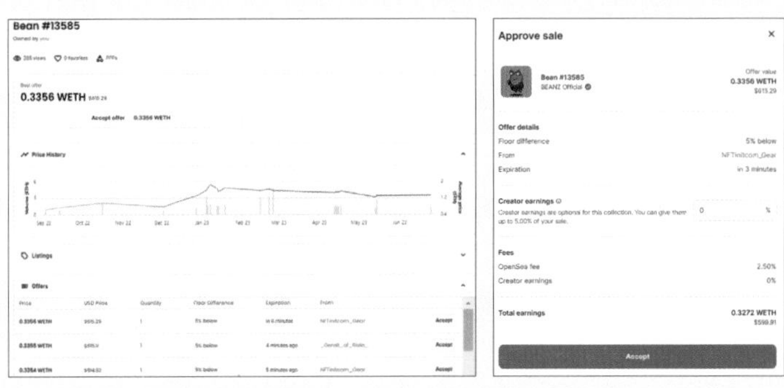

오픈씨 외 블러 플랫폼은 NFT 트레이더들을 위해 개발돼 NFT 판매 시 여러 기능을 한 눈에 보도록 합쳐 놨다. 자체 판매 가격 설정 외에도 최저 가격 매도, 동일 특성 중 가장 높은 가격 매도, 가격을 일정 구간으로 올리면서 매도 등 다양한 형태로 판매 가격을 설정할 수 있다.

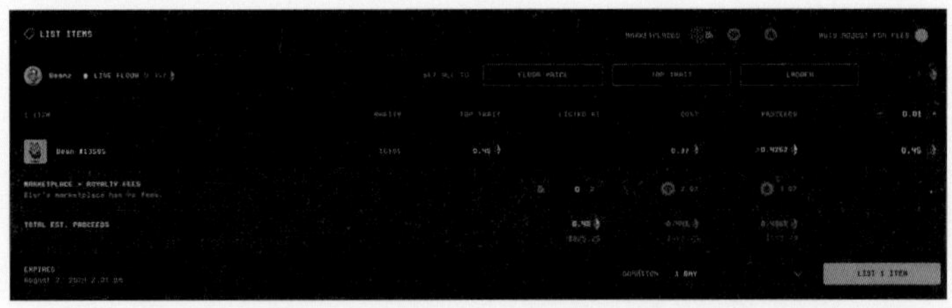

08 심화영역

이제부터는 심화 영역이다. 보다 전문적인 영역인 만큼 주의를 더 기울이고 읽어보자.

NFT 툴 활용

NFT 투자는 화이트리스트를 획득한 뒤 발행1차 시장에서 매도하는 게 일반적 전략이다. 하지만 모든 프로젝트에서 화이트리스트를 획득하기는 불가능하다. 인기가 많은 프로젝트는 더더욱 그렇다. 따라서 향후 전망이 매우 높은 NFT 프로젝트는 2차 시장에서 구매한 뒤 높은 가격에서 판매하는 것도 방법이다. 다만 변동성이 큰 암호화폐 시장보다 변동성이 큰 게 NFT 시장이니 2차 시장 투자는 주의가 필요하다.

우선 NFT 관련 툴들을 적극 활용해야 한다. 대표적인 게 매직캘리Magic Cally. 예전 알파샤크Alpha Shark로도 불린 이 툴은 NFT 최신 매매 트렌드, 민팅 진행 상황 등을 보여준다. 가장 큰 장점은 차트와 리스팅, 거래 가격을 투자자들이 주식 시장 보듯 한눈에 그래픽화해 보여준다는 점이다.

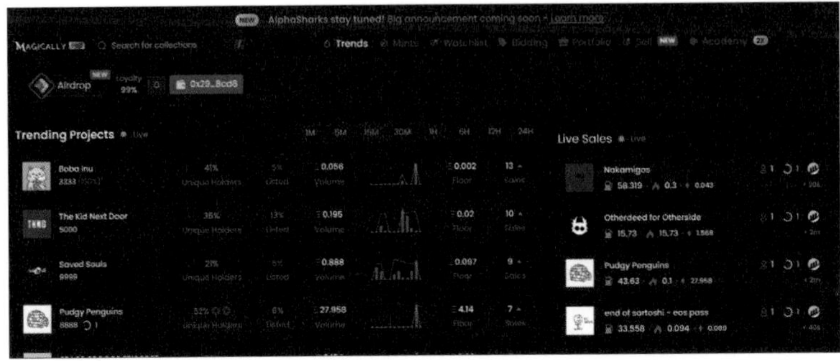

Magic Cally는 최신 매매 트렌드와 가격대 흐름 들을 보여주는 NFT 매매 플랫폼이다.

매직캘리는 왼쪽 화면에서는 리스팅 가격, 오른쪽 화면에서는 실제 거래 체결된 가격을 보여준다. 빨간색 물음표가 뜨면 해킹 물량이다. 1주일 동안 매매가 금지되므로 가격이 저렴하다고 무턱대고 매매해선 안 된다. 중간 화면에서는 주식처럼 차트 형태의 그래프를 보여준다. 리스팅 가격이 어떤 분포도를 보이는지, 리스팅을 보며 판매하고자 하는 비율은 얼마나 되는지를 참고할 수 있다. 당연히 리스팅 비율이 줄수록 NFT 가격이 상승할 확률이 높으므로, 그 비율이 5% 미만이라면 바로 팔기보다는 시간을 두고 추이를 지켜봐야 한다.

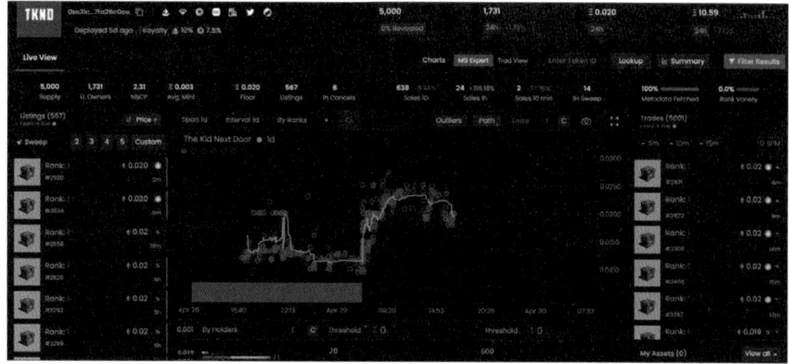

매직캘리는 왼쪽 화면은 리스팅, 중간 화면은 차트, 오른쪽 화면은 실제 거래 가격을 보여주면서 투자자들이 NFT 프로젝트의 거래 현황을 한눈에 파악할 수 있도록 해준다.

NFT트랙도 좋은 툴이다. https://app.nfttrack.ai/wl 특히 무료라는 점이 가장 큰 매력이다. 특정 프로젝트의 주요 홀더들 매매 기록을 추적할 때 활용 가치가 높다. 예를 들어 두들스 NFT를 검색하면 최상위 보유 홀더들이 내림차순으로 보여지고, 그들의 평균 매입단가, 현재 손익을 자세히 확인할 수 있다. 평균 보유 기간까지도 확인 가능하다. 블루칩 NFT임에도 상위 홀더들의 홀딩 기간이 유난히 짧으면 고래들이 물량을 한꺼번에 던질 가능성이 높으므로 주의해야 한다. 참고로 NFT트랙은 PC보다 모바일에 최적화 되어 있다.

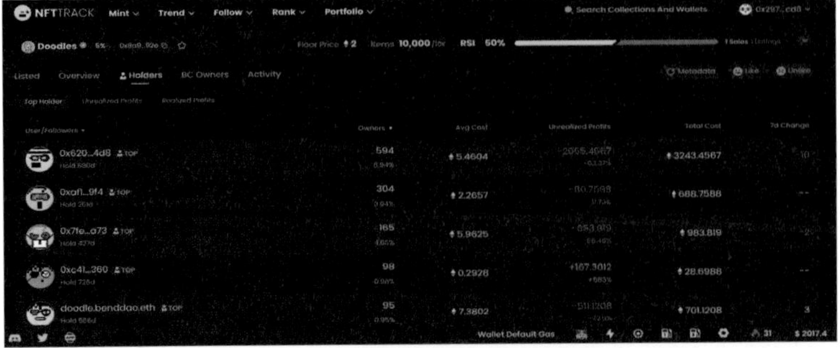

NFT 트랙 사이트(https://app.nfttrack.ai/wl)에서는 홀더들의 보유 개수와 평균 매입단가를 파악할 수 있도록 해준다.

고래 지갑 추적

NFT시장에서 가장 중요한 체크 요인 중 하나는 이른바 고래Whale의 매매 패턴이다. NFT시장은 1분 1초가 당락을 결정하는 경우도 많다. 따라서 고래 투자자들에 대한 맹목적 매매 추종보다는 고래들이 어떤 매매를 진행하는지 분석해 시장의 트렌드를 파악하는 데 의의를 두자. 고래 분석 무료 툴 중 가장 유용한 건 에이프라이크Apelike다. 본인이 원하는 고래지갑 주소를 최대 30개까지 등록할 수 있다. 본인이 NFT 고래들의 지갑주소를 모르더라도 걱정하지 말자. 에이프라이크 사이트에서 주요 고래 지갑주소와 투자 성향까지 소개하니 자료들을 읽어보고 자신의 투자성향에 맞는 지갑을 등록하면 된다. 등록된 고래가 매매하면 휴대폰 알람도 설정할 수 있다. 디스코드와 텔레그램 중에서 고를 수 있으며, 개인적으로는 텔레그램 알람을 더 추천한다.

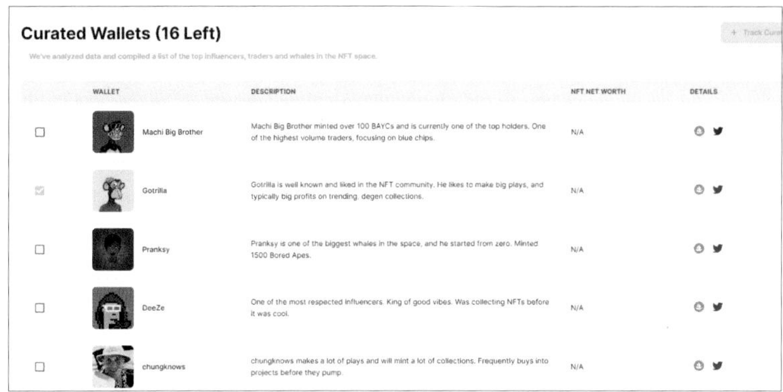

고래 지갑 추적 사이트 에이프라이크(Apelike.com)는 사용자가 원하는 성향의 고래 지갑을 등록해 관리할 수 있다는 장점이 있다.

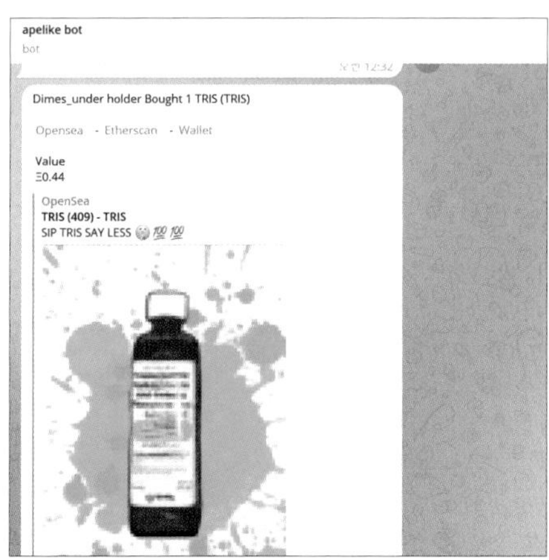

고래 지갑 등록 시, 해당 지갑의 매매가 발생할 때마다 텔레그램을 통해 알림이 온다.

민팅 봇(Bot) 활용

선착순 민팅은 가스비를 수동 설정해 높은 비용으로 설정하더라도 사람 손보다는 자동매매 봇Bot을 이기기 어렵다. 2차 시장에서 한꺼번에 여러 개를 구매Sweep할 때도 사람 손보다는 자동매매 프로그램을 이용하는 게 훨씬 빠르고 성공률도 높다. NFT 시장에서도 이런 유틸리티 기능을 가진 NFT들이 판매된다. LANCET Bot lancet.pro, NFT썬더 https://www.nfthunder.io/, NFT그래버 https://nft-grabber.com 등이 있다. 이 프로그램들은 LANCET BOT처럼 별도 NFT를 구매하거나 NFT썬더처럼 NFT 구매 없이 월 구독료 지불을 통해 사용 가능하다. LANCET Bot https://opensea.io/collection/lancetbot-official은 약 0.17이더리움, 한국 돈으로 50만 원이면 구입 가능하다. 전담 도우미의 피드백이 좋아 초보자들도 금방 활용 가능해 최근 각광받는 NFT민팅 봇이다.

자동 매매 프로그램은 일반인들에게는 초기 세팅과 첫 사용법이 어려울 수 있다. 하지만 각 프로젝트마다 도우미들이 있어 티켓 채널을 오픈해 문의하면 친절한 답변을 받을 수 있다. 처음 가입한 회원들의 문의들이 많아 FAQ도 잘 정리돼 있는 편이다. 다만 가격이 비싼 편이니 잦은 매매를 통해 수익을 얻길 원하는 트레이딩 성향의 사람들 위주로 추천한다.

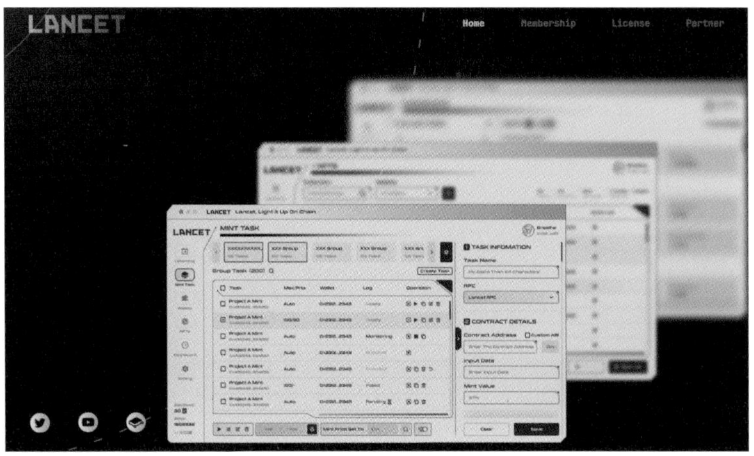

민팅 및 자동매매 NFT패스 Lancet Bot(https://twitter.com/Lancetbot), 개발자 팀원들의 피드백이 좋은 편이다.

투자 성과 확인 사이트

투자를 했으니, 당연히 본인의 투자 성과에 대한 리뷰도 필요하다. 주식이나 암호화폐와 달리 NFT는 실시간으로 자신의 포트폴리오 성과를 알려주는 거래소는 없다. 따라서 이를 확인할 수 있는 사이트들에 접속해 정기적으로 수익률을 체크해 보자. 역시나 무료 분석 툴 중 인기 있는 NFT 손익 사이트는 데이터 알파https://datalpha.io/다. 지갑을 연결하면, 해당 지갑 주소의 매매손익, 평가손익들이 집계된다. 희귀도는 반영되지 않은 최저 가격 위주로만 분석되고, 지갑 간 이동에 대한 분석은 이뤄지지 않는 단점들이 있지만 나름 가장 정확한 사이트다.

또한 지갑 연결만 하면 매매손익이 분석되므로 자신의 지갑 외 다른 고래들의 지갑 주소도 연결해 보자. 단순 수익금뿐 아니라 승률, 매매 횟수들도 함께 나오므로, 어떤 고래가 자신의 투자 성향과 비교해 궁합이 맞는 고래 지갑을 추적해 보고, 앞서 언급한 에이프라이크 사이트에 등록해 추후 고래의 매매 흐름을 유심히 살펴보자.

NFT 투자수익률을 무료로 확인할 수 있는 데이터 알파(https://datalpha.io)

알파 정보 활용한 디젠 플레이

지금부터는 찐고수의 영역이다. 다양한 2차 거래를 통해 수익을 노려보자. NFT 프로젝트는 하루에도 수백 개가 쏟아진다. 그 중에서 성공하는 프로젝트는 매우 제한적이다. 따라서 옥석 가리기가 무엇보다 중요하다. 특정 고래들이 만들어 내는 '묻지마 상승' 작전 주도 있지만 가격이 상승세를 보이며 시장에서 주목받는 NFT들은 반드시 그 이유가 존재한다. 가장 최신 데이터로 어떤 프로젝트가 이목을 끄는지 참고하기 위해 NFT거래소들의 트렌딩Trending을 꼼꼼히 체크하자.

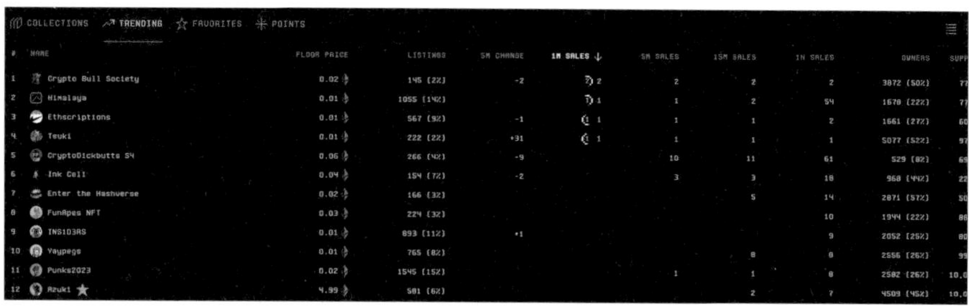

COLLECTIONS　TRENDING　FAVORITES　POINTS

#	NAME	FLOOR PRICE	LISTINGS	5M CHANGE	1M SALES ↓	5M SALES	15M SALES	1H SALES	OWNERS	SUPP
1	Crypto Bull Society	0.02	145 (2%)	-2	2	2	2	2	3872 (50%)	77
2	Himalaya	0.01	1055 (14%)		1	1	2	54	1678 (22%)	77
3	Ethscriptions	0.01	567 (9%)	-1	1	1	1	2	1661 (27%)	60
4	Teuki	0.01	222 (2%)	+31	1	1	1	1	5077 (52%)	97
5	CryptoDickbutts S4	0.06	266 (4%)	-9		10	11	61	529 (8%)	69
6	Ink Cell	0.04	154 (7%)	-2		3	3	18	968 (44%)	22
7	Enter the Hashverse	0.02	166 (3%)				5	14	2871 (57%)	50
8	FunApes NFT	0.03	224 (3%)					10	1944 (22%)	88
9	INS1D3RS	0.01	893 (11%)	+1				9	2052 (25%)	80
10	Yaypegs	0.01	765 (8%)				8	8	2556 (26%)	99
11	Punks2023	0.02	1545 (15%)			1	1	8	2582 (26%)	10.0
12	Azuki	4.99	581 (6%)				2	7	4509 (45%)	10.0

블러에서 제공하는 NFT 주요 트렌트, 가장 최신 매매 트렌드를 확인할 수 있다.

트렌드를 보면서 그 중 하락 폭이 컸던 블루칩 NFT 이슈들부터 분석한다. 예를 들어 마치 빅브라더Machi Big Brother 같은 트레이더가 단순 블러 파밍용으로 NFT들을 한꺼번에 매도했는지, 아니면 프로젝트 차원의 근본적 문제가 발생했는지 따져본다. 전자라면 반등 가능성이 있지만 후자라면 회복이 쉽지 않다. 실제로 마치 빅브라더가 BAYC를 대량 매도해 BAYC 최저 가격이 25이더리움까지 급락한 적이 있다. 하지만 바로 저가 매수세가 증가하며 30이더리움을 금방 탈환하기도 했다. 프로젝트의 문제라기보단, 단순히 특정 고래의 매매에 의해 최저 가격이 단기간 무너졌기 때문이다. 하지만 15이더리움 수준을 유지해 왔던 아주키는 시즌2 프로젝트가 실패로 돌아가면서 바닥 가격이 15이더리움에서 5이더리움 수준으로 67%나 급락한 적이 있다. 이런 경우는 프로젝트 자체 실패 요인이므로 회복에 많은 시간이 필요하다. 인플루언서 Loki the bird, Grom은 트위터를 통해 블루칩 트렌드에 대한 좋은 분석 글들을 많이 다루므로 해당 글들을 참고해 NFT 블루칩 최신 트렌드들을 놓치지 말자.

원숭이가 무지성으로 고른 종목들이 주식 투자 고수의 트레이딩 성과보다 더 월등했다는 내용은 익히 들어 알고 있을 테다. NFT 시장에서는 무지성 단타 트레이딩을 뜻하는 의미로 원숭이 이름을 따 디젠Degen 플레이 매매라고 부른다. 세밀한 분석도, 구체적인 설명도 없다. 시장 흐름에 편승해 로드맵, 프로젝트 성장성보다는 묻지마 투자 경향이 짙다. 주식시장으로 치면 테마주 투자다.

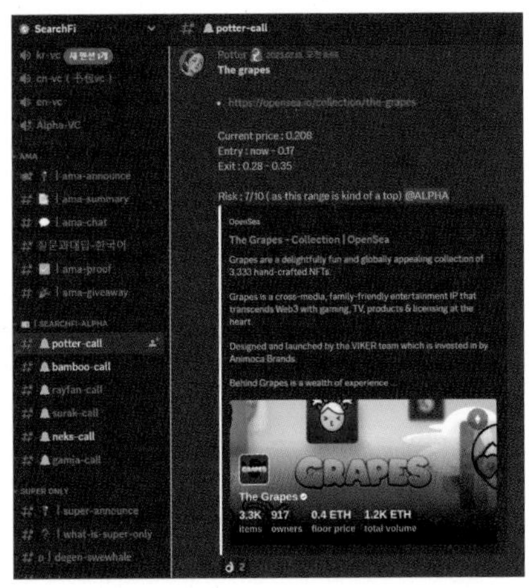

NFT 알파 커뮤니티에서는 소속 NFT 알파콜러가 매수 가격과 매도 가격을 함께 알려준다.

이런 디젠 플레이는 어디서 체크할 수 있을까?

언더그라운드, 콩구, 서치파이 등 대부분의 NFT 알파 커뮤니티에서는 각자의 알파 콜러Alpha Caller들이 있다. 이들은 프로젝트 거래량, 리스팅 개수, 고래들의 사전 투자 정보 등을 파악한 뒤 디젠 플레이로 소개한다. 이런 디젠 콜에는 타겟 진입가격과 타겟 매도 가격도 함께 알려준다. 유명 알파콜러일수록 여러 커뮤니티보다 특정 커뮤니티에서만 활동하며, 정기적인 월급을 받는 콜러도 있다.

어느 순간 여러 알파 커뮤니티에서 특정 프로젝트 소개 글과 알파콜 등장 횟수가 잦아지면, 투자자들의 관심을 끌게 되고 투자도 자연스레 이뤄진다. 가격이 비싸지 않으므로 호기심 상 투자하는 경우들이 많다. 특히 고래들이 참여할 때가 정점인 구간이다. 그 타이밍이 됐을 때 수익을 실현하고 빠져나와야 한다. 그 기간은 보통 4시간 이내다. 아주 가끔 1주일이 지나 급등한 케이스도 있지만 대부분은 초단타 개념으로 접근해야 한다.

주의할 점은 이런 디젠 콜은 승률이 낮다는 점이다. 최소 1~2주를 바라보는 스윙매매 전략은 승률이 높지만 이런 초단타 거래들은 실패 확률이 90% 이상이다. 무료 민팅이라 해도 가스비를 감안하면 결코 공짜가 아니다. 또한 일부 프로젝트는 알파 콜러에게 뒷돈을 지급하고 매수 글 작성을 요청하는 등 알파콜을 악용하는 사례들도 존재해 왔다. 물론 디젠 플레이는 분석하고 고민할 시간보다 무지성으로 진입한 뒤 시장 트렌드에 편승해 빠져나와야 수익을 실현할 수 있다는 점을 감안하면 무리한 베팅보다는 1번에 10개씩, 저렴한 가격의 프로젝트를 민팅으로 구매한다는 생각으로 접근하자.

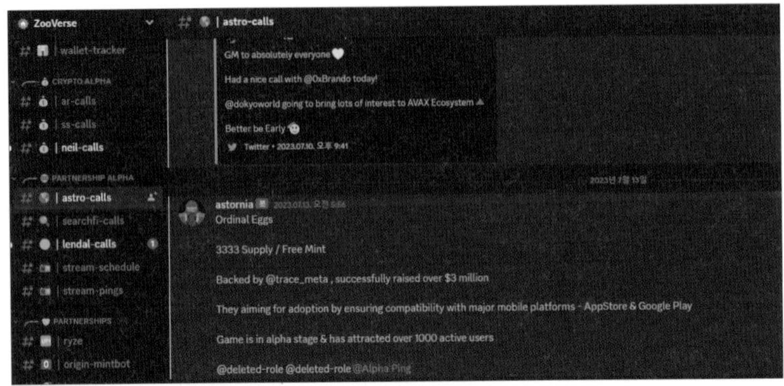

Zooverse 알파콜 채널

담보대출 투자

NFT 시장이 성장하면서 레버리지 투자도 가능해졌다. 대표적인 게 담보 대출이다. NFT시장도 자신이 기존에 보유한 NFT를 담보로 대출을 받을 수도 있다. 가장 유명한 곳은 벤드다오BendDao로, 현재 담보로 맡겨진 금액만 9200만 달러, 우리 돈으로 1200억 원에 달한다. 벤드다오에서는 자신이 보유한 NFT를 담보로 맡기면 플랫폼에서 계산된 가치평가를 통해 이더리움을 빌릴 수 있다. 은행에서 부동산을 담보로 돈을 대출받는 것과 같은 방식이다. NFT 가격이 하락해 대출자의 상환능력이 부족해지면 반대 매매를 통해 담보가치를 처분해야 해 유동성이 높은 블루칩 위주로만 대출이 가능하다. 대출금은 NFT 가치의 30~60% 사이이다. 부동산 담보대출로 생각하면 LTV가 30~60%인 셈이다. 단기간에 자금이 필요하고,

NFT 가치가 상승할 것으로 예상된다면 대출 서비스를 이용할 만하다. 최근 블러에서도 이 서비스 제공을 시작했다.

블러는 블렌드Blend 서비스를 통해 NFT를 후불Buy Now, Pay Later, BNPL로 살 수 있도록 했다. 할부결제 개념이다. 대출 비중은 투자자가 스스로 선택할 수 있다. 퍼지펭귄을 0.7이더리움만 지불하고, 4.3이더리움은 나중에 지불하는 대신 대출이자는 하루에 0.05%씩 내는 식이다. 대출비율이 높으면 이더리움으로 표시되는 이자를 많이 내야 하고, 낮으면 이자를 적게 된다. 대출 상환 금액이 확보되면 NFT 전체를 획득하거나 차액을 남기고 팔 수도 있다. 단기 NFT 상승을 예상한다면 레버리지 투자도 도움이 된다.

그럼에도 레버리지 투자는 언제나 신중해야 한다. NFT 가격이 하락하면 이더리움을 빌린 홀더는 담보대출 비율을 맞추기 위해 하락한 만큼 채무를 갚아야 한다. 그렇지 못하면 강제 청산을 당한다. 다만 부동산과 달리 그 순간이 1시간 만에 찾아올 수 있다. NFT는 유동성이 낮고, 가격 변동성은 커서 NFT 담보가치의 안정성이 낮기 때문이다.

따라서 NFT 구매 시 담보대출 현황을 체크해야 한다. 담보대출 숫자가 클수록 반대 매매를 통한 NFT 급락이 나타날 수 있기 때문이다. 블루칩 NFT들의 가격 변동성이 큰 이유가 여기에 있다. 최근에는 블루칩을 손해 보고 팔더라도 블러 토큰을 받을 기대감에 블러 파밍용 단순 매매들이 많아지면서 블루칩 NFT의 가격 변동성이 더 높아져 벤드다오에 맡겨진 NFT 숫자는 점차 감소하는 모습이다.

BendDAO
WEB3 DATA LIQUIDITY
Home Liquidity Yield Auctions Ape Staking Bend Tools Community More

Utilize your bluechips!

Supported Collections

Collection	NFTs in collection	Floor price (TWAP)	Active collaterals	Available to borrow	BEND Reward APR
CRYPTOPUNKS	10,000	49.2857	63	29.5714	16.72%
BoredApeYachtClub	10,000	31.3312	138	18.7988	16.72%
MutantApeYachtClub	19,481	5.5795	177	2.7898	16.72%
Azuki	10,000	5.0948	76	2.5474	16.72%
Koda	5,729	4.2247	50	1.2704	16.72%
CloneX	19,502	1.5493	60	0.4648	16.72%
Doodles	10,000	1.5332	93	0.46	16.72%

NFT 담보대출 사이트 벤드다오

공매도도 가능

최근에는 NFT를 보유하지 않고 매매할 수 있는 퍼프PERP라는 서비스도 생겼다. 퍼프는 퍼페추얼PERPETUAL의 약자로, 선물을 의미한다. 아직은 거래 신청서 작성을 통해 넛Nut이라는 역할 부여를 받아야 사용 가능한 베타버전이다. NFT 퍼프는 그동안 NFT 시장에서 부족했던 서비스 2가지를 제공한다는 점에서 의미가 있다.

우선, BAYC처럼 일반인이 접근하기 부담되는 비싼 NFT를 거래할 수 있다는 점이다. 선물은 초기비용 없이 거래 진입 시점과 만기시점의 수익률만큼 교환한다. 예를 들어 BAYC가 거래시점 가격이 30이더리움이고, 선물 만기 시점에 39이더리움이었다면 투자자는 +30%의 수익에 해당하는 9이더리움을 수령하게 된다. 반대로 −30% 손실이 발생했다면 투자자는 −9이더리움을 거래소에 제공한다. 거래 당시 30이더리움이라는 큰돈이 없더라도 일정 수준의 증거금만 지불하면 BAYC를 거래할 수 있다. 이렇게 되면 시장에서 BAYC 거래가 활발해지므로 NFT 시장 측면에서는 유동성 확장 측면에서 긍정적인 부분이다. 실제로 주식시장에서는 코스피200을 구성하는 200개 종목들 거래 못지않게 코스피200을 추종하는 선물 거래 대금도 크다.

또 하나는 헤지 기능이다. BAYC를 보유했지만 가격 하락이 부담된다면 예전에는 판매 외에는 다른 묘수가 없었다. 하지만 선물 시장이 있으면 NFT를 팔지 않고 반대 포지션 구축을 통해 평가손실을 줄일 수 있다. 예를 들어 BAYC를 30이더리움에 매입한 뒤 동일 수량의 매도 포지션을 구축했다고 가정해 보자.

이후 BAYC가 20이더리움으로 하락한다면 보유 포지션에서는 −10이더리움의 손실이 발생했지만 헤지 포지션인 매도에서는 +10이더리움의 수익이 발생해 손익은 0이 된다거래수수료 및 증거금 제외. 만약 매도 포지션을 2개로 늘려 레버리지를 키웠다면 하락장에서도 오히려 +10이더리움의 수익을 올릴 수도 있다.

물론 투기 세력의 진입으로 가격이 폭락할 우려도 있다. NFT시장보다 유동성이 풍부한 국내 주식시장에서도 반신반의할 만큼 공매도에 대해서는 찬반 논란의 뜨거운 제도다. 그러나 선진국에서는 적정 가격 발견 기능을 부여한다는 점에서 높은 가치를 부여한다. 따라서 투자자 입장에서는 다양한 투자수단을 활용할 수 있다는 점에서 의미가 크고, NFT 시장 측면에서도 다양한 투자 풀을 활용할 수 있다는 점에서 긍정적인 부분이다.

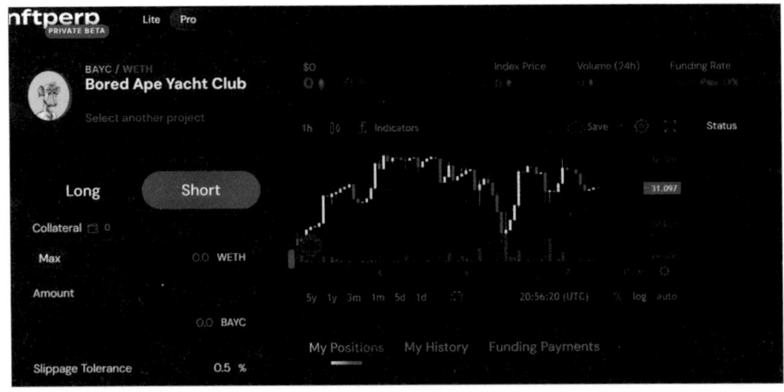

▍베타 버전으로 시험 도입됐던 NFT 공매도 사이트 NFTPERP

전문적으로 NFT 투자 시 유의사항

하락장이든 상승장이든 다양한 이유로 투자자들은 불안에 휩싸인다. 아래 사항은 반드시 유의하고 NFT 투자에 임하자.

1. 여유 자금으로 투자

NFT는 여전히 초기 시장이다. 초기인 만큼 큰돈을 벌 수 있지만 자칫 잘못하면 큰돈을 잃을 수 있다. 10이더리움을 호가하는 NFT도 순식간에 0이 되는 시장이다. 따라서 무리한 투자보다는 투자 포트폴리오 중 일부를 NFT에 투자한다는 마음을 가져야 한다. 여유자금으로 투자하고, 이 시장이 어떻게 성장해 나가는지 지켜보는 전략이 필요하다. 1차 발행시장만 노리면 돈을 잃을 가능성은 매우 낮다.

2. FOMO를 견뎌라

사촌이 땅을 사면 배가 아프다 했다. 투자 커뮤니티 사람들이 NFT 투자로 큰 돈을 벌었는데, 본인만 수익을 못 내면 커뮤니티 대화에 어울리기 어렵고 소외감도 커진다. 일부 커뮤니티는 수익을 본 홀더들의 수익을 대중에게 공개하기도 한다. 자신들의 커뮤니티 알파콜에 대한 홍보 성격 측면도 있지만 이런 발표들은 몰랐거나 투자에 망설였던 사람들에게 구매충동(FOMO)을 일으킨다. 잘 버티던 사람들도 못 참고 끝내 뒤늦게 투자했다가 손실 본 경우를 여러 번 지켜봤다. 주식시장처럼 NFT 시장은 '존버'도 쉽지 않아 손실 구간에 진입하면 탈출도 어렵다. NFT는 하루에 300개 이상의 프로젝트가 나온다. 오늘 실패했어도 내일의 성공을 기대할 후보군들이 또 300개 이상 있다는 의미다. 1달에 1이더리움 목표, 손절은 마이너스 몇 프로까지, 2차 거래 투자금액은 최대 월 0.5이더리움까지 등 본인만의 투자 전략을 구축해야 한다.

3. 스캠을 경계하라

NFT는 스캠에 취약하다. 실수로 잘못 누른 링크로 NFT 전 재산을 날릴 수 있다. 특히 트위터나 텔레그램에서 공유되는 링크는 주의해야 한다. 트위터는 기본적으로 하루에도 몇 번씩 메시지가 온다. 이벤트에 당첨됐으니 링크를 클릭해 당첨 경품을 가져가라는 식이다. 특정 NFT 공식 홈페이지와 비슷한 트위터 계정을 만들어 클릭을 유도하며 현혹시킨다. 트위터 DM을 받으면 반드시 공식 트위터 계정인지 확인하자. 트위터에 연동된 디스코드 채널에 가입한 뒤 헬프 채널을 열어 정말 화이트리스트에 당첨됐는지 문의해야 한다. 무턱대고 링크를 클릭하고 개인 지갑을 연결했다간 큰 피해를 볼 수 있다.

디스코드도 마찬가지이다. DM을 통해 인기 프로젝트 민팅이 가능하다며 링크를 공유한다. 본인이 가입한 디스코드 채널의 NFT 링크를 보내는 경우가 많아 초보자들은 쉽게 속을 가능성이 높다. 따라서 개인 DM보다는 디스코드 채널의 공식 링크만 클릭해야 한다. 물론 디스코드 채널이 해킹돼 드레인 사이트로 유도할 수도 있다. 만약 공식 링크로 들어가도 개인 지갑 시드문구 공유를 원하거나 수십 개의 NFT 민팅을 유도한다면 무조건 스캠으로 의심해야 한다.

4. 구매는 블러(Blur), 판매는 오픈씨(OpenSea)에서 하자

거래소 후발주자 블러(Blur)는 거래소 및 크리에이터 수수료가 경쟁사들보다 저렴하다. 따라서 같은 NFT 프로젝트라도 오픈씨보다 싸게 구매할 수 있다. 반대로 오픈씨에서 판매하면 비싸게 팔 수 있다. 전문 트레이더가 아니라면 구매는 블러, 판매는 오픈씨에서 하자. 다만, 블러는 자체 플랫폼 외 오픈씨 등 다른 거래소에서 NFT를 판매하면 블러 파밍(Blur farming)시 로열티 부분에서 감점을 받는다. 하지만 NFT 매매가 블러 토큰 에어드롭 목적이 아니면 이 부분은 크게 개의치 않아도 된다.

interview

아주키 리서치 애널리스트 출신, 엘레나

엘레나(Elena)는 블루칩 아주키의 NFT 리서치 애널리스트 출신이다. 다양한 인터뷰와 정량적인 분석을 바탕으로 한 예측력으로 시장의 큰 주목을 받았다. 아주키가 성장하는 과정에서 엘레나의 알파콜 힘도 무시할 수 없었다. 지금은 자체 채널(https://side.xyz/elena)을 운영하며 투자자에 투자 정보 뉴스레터 비즈니스를 운영하고 있다.

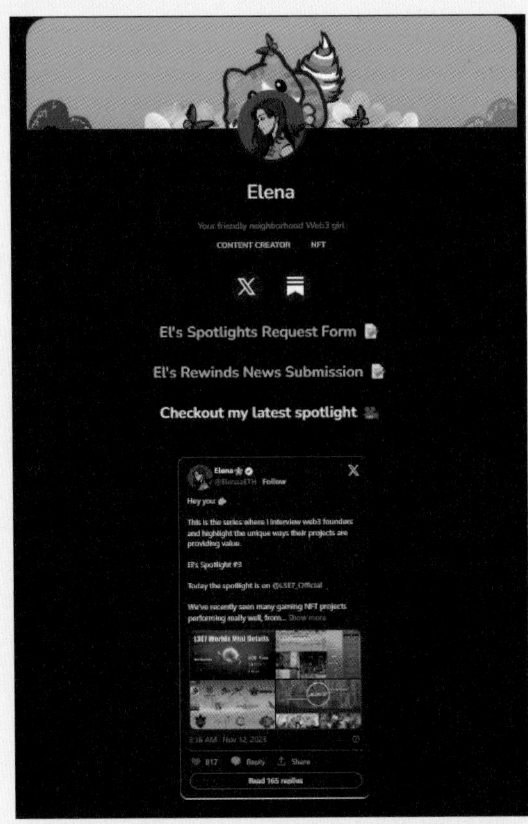

Q. NFT업계에 합류하게 된 계기는?

2021년 웹3 및 암호화폐 거래를 시작하는 단계에서 유명 음악가가 홍보한 NFT에 관심이 끌렸다. 블록체인 기술에 대한 논의, 예쁜 아트, NFT가 갖는 잠재력을 높이 평가해 투자했다. 첫 NFT 투자를 계기로 나의 암호화폐 투자 노하우를 NFT 투자에 접목시키면 흥미로울 것 같았다.

Q. 어떤 식으로 NFT 프로젝트를 발굴하나? 리서치 노하우가 궁금하다.

나는 암호화폐 트레이딩도 겸하고 있다. NFT 투자 시에도 암호화폐 거래에서 숙련된 분석 기술을 활용한다. 나는 데이터 기반 분석을 통해 시장 동향의 새로운 패턴을 발견한다. 소셜 미디어와 커뮤니티를 통해 커뮤니티의 정서와 참여도를 측정한다. NFT 프로젝트 팀에 대한 분석도 매우 중요하다. 프로젝트의 로드맵과 목표, 비전을 이해하는 것은 프로젝트 장기 잠재력을 평가하는 데 도움이 된다. 팀의 기존 프로젝트 성과와 투명성 등도 중요하다. 다소 일반적인 노하우로 보이지만 실제로 이를 실천하는데 많은 시간이 소요된다. 트위터 DM 또는 이메일을 통해 팀과 소통하고, 여러 데이터들을 다운 받아 그 안에서 새로운 메타를 찾아내는 것은 쉬운 일이 아니다.

Q. 본인만의 투자 노하우가 있나?

투자 초기에는 NFT의 예술성에 주목해 투자했다. 객관적 평가보다는 보기에 예쁜 NFT를 샀다. 그러다 스캠 프로젝트들도 구매했고, 나도 모르게 지갑이 해킹당해 큰 손실을 입기도 했다. NFT 투자자라면 한 번쯤 이런 경험이 있을 것이다. 이런 시행착오를 통해 나는 단순 심미적인 요소보다는 NFT 프로젝트 팀의 개발

능력 및 팀원들 인터뷰를 통한 로드맵 분석, 유동성 수준 등을 체크해 철저히 실용성 위주로 투자하게 됐다.

Q. 가장 유망하다고 판단하는 프로젝트와 분야는?

게임 관련 NFT 프로젝트는 상당한 가능성을 보여주고 있다. 특히 강력한 개발 팀과 명확한 미래 계획을 가진 프로젝트는 앞으로 더 많이 등장할 것으로 보이고, 높은 인기가 예상된다. 게임과 NFT의 협업은 시너지가 높은 결합이지만 프로젝트의 혁신, 시장 포지셔닝, 커뮤니티 단결력 등을 꼼꼼히 따져보고 투자하자.

Q. NFT 투자자들에게 전하고 싶은 말은?

정보에 입각한 신중한 투자, 손실 가능한 부분에서 투자하는 것이 중요하다. NFT 시장은 암호화폐와 마찬가지로 급격한 변화를 겪으며 내재된 위험을 안고 있다. 새로운 기술과 아이디어에 대한 호기심과 공부, 건전한 위험 관리를 통해 균형 잡힌 투자 접근이 중요하다. 매력적이지만 예측이 어려운 NFT시장에서 롱런하려면 트렌드 및 기술 동향에 대해 끊임없이 공부해야 한다.

PART

04

NFT 블루칩 집중분석

01 블루칩에서 살펴보는 NFT 성공 비결

한 해 출시되는 NFT 프로젝트는 연간 2~3만 개다. 이 중 실제 가치를 인정받는 프로젝트는 5% 이내다. 그중에서도 벤처 캐피탈로부터 큰 자금을 유치했거나 캐릭터 판매를 통한 수익모델 개발 등 제대로 된 프로젝트를 진행하는 NFT는 거의 드물다. 이처럼 성공하기 어려운 NFT 시장에서 블루칩으로 자리 잡은 NFT 프로젝트의 성공 비결은 공부할 가치가 높다. 또한 승승장구하던 프로젝트가 어떤 기점으로 쇠락하는 지도 분석해 볼 필요가 있다. 다양한 블루칩 케이스 스터디 분석을 통해 NFT 투자 원칙 노하우들을 얻어보자.

우선, 블루칩 개념부터 정리하자. 최저 가격 3~5이더리움 이상, 출시 1년 이상, 공급량 최소 5000개 이상인 PFP NFT 위주로 추렸다. 수량이 적으면 유동성이 적어 가격 진폭이 너무 크고, 디지털아트 NFT들은 수량도 적지만 일반인들이 접근하기 너무 가격이 비싸 제외했다. 트위터나 디스코드 등 웹3 공간에서 또 다른 자아로 평가되는 PFP 프로젝트의 NFT 블루칩들은 어떤 식으로 성공을 거뒀을까?

크립토펑크(수량: 1만 개, 민팅일: 2017.6.23, 민팅 가격 무료, 최고가 200ETH)

파텍 필립은 세계에서 가장 비싼 시계다. 5년에 한 번씩 해야 하는 오버홀 비용만도 수백만 원에 달하는 등 유지비용도 비싸다. 그럼에도 수천에서 수억 원을 호가하는 시계를 사려는 사람들은 줄을 섰다. 왜일까? 사람들은 파텍 필립을 찬 사람의 손목을 보면서 그 사회적 지위를 판단한다. 시계의 정확성보다는 파텍 필립이 가진 상징성 때문에 성공한 사람들이 파텍 필립에 열광하는 이유다. 그게 바로 브랜드 파워다.

NFT 시장에서도 파텍 필립이 존재한다. 바로 크립토펑크다. 역사성과 상징성, 내러티브, 뭐 하나 빠질 게 없이 완벽한 이 NFT의 성공스토리를 살펴보자.

탄생배경: 이더 체인에서 구현되는 디지털아트

2017년, 개발자들은 이더리움 블록체인에서 등장한 스마트 컨트랙트라는 새로운 기술에 열광했다. 개발자들은 이더리움 체인에서 스마트 컨트랙트를 활용하려는 다양한 시도들이 쏟아졌다. 그 결과물 중 하나가 페페리움Peperium이었다. 참여자 누구나 페페 밈을 만들어 이더리움에서 토큰을 발행할 수 있었다. 희귀도가 높은 밈은 훨씬 비싼 가격에 거래됐다. 지금은 자취를 감추고 화이트페이퍼 등 흔적 정도만이 남아있지만 이 페페리움의 인기는 추후 2명의 개발자에게 역사에 길이 남을 프로젝트에 큰 영감을 준다.

RarePepe 사이트는 다양한 페페 밈이 거래되는 NFT거래소의 전신과도 같은 개념이었다.

개발자 매트 홀Matt Hall과 존 왓킨슨John Watkinson, 이 2명의 개발자들은 페페 밈의 인기가 희귀도에 있다고 판단했다. 그래서 희귀도뿐 아니라 속성도 모두 다른 디지털아트를 이더리움 체인 위에서 구현하고 싶었다. 이를 개발하기 위해 라바랩스라는 회사도 만들었다. 두 명은 탈중앙화를 기치로 한 블록체인의 혁명가 정신을 이어받자는 취지에서 프로젝트 명을 '크립토펑크'라고 지었다. 각고의 노력 끝에 2017년 6월 23일 크립토펑크는 세상에 공개됐다.

총발행 개수는 1만 개. 1000개는 개발자 몫이었고, 나머지 9000개는 이더리움 지갑을 가진 모든 사람들이 받을 수 있도록 했다. 당시 NFT라는 개념이 생소했음에도 해당 NFT는 빠른 시간 내 매진됐다. 본인들이 의도한 대로 블록체인 선구자들은 이 NFT 가치를 알아본 것이다.

구성: 외계인이 가장 희귀

크립토펑크는 24×24 픽셀 아트로 구성된다. NFT 기술력도 초기 단계였고, 전문 작가도 없었기에 아주 간단한 아트였다. 남성, 여성, 좀비, 원숭이, 외계인 5가지 유형이 있다. 남성이 6039개의 아바타로 가장 흔하고, 여성은 3840개, 좀비는 88개, 유인원은 24개, 외계인은 9개다. 숫자가 적은 외계인의 가치가 가장 높다. 속성은 총 7가지며, 아무런 속성이 없는 대머리 펑크가 가장 높은 바닥가격을 구성한다.

Punk Types

Attribute	#	Avail	Avg Sale	Cheapest	More Examples
Alien	9	2	0	5.97KΞ	
Ape	24	2	0	2.5KΞ	
Zombie	88	5	0	800Ξ	
Female	3840	364	50.71Ξ	50.99Ξ	
Male	6039	684	57.99Ξ	52.69Ξ	

크립토펑크의 속성 현황. 외계인이 가장 희귀하다.

원조 플렉스

사람들이 크립토펑크에 열광한 이유는 '원조'라는 상징성이다. 수많은 맛집들이 있지만 원조의 프리미엄을 따라갈 수 없다. 수많은 NFT들이 크립토펑크 아성에 도전장을 내밀었지만 결국 승자는 원조 크립토펑크였다. 이런 상징성은 사람들에게 매력적인 포인트로

다가왔다.

세계 유명 인플루언서부터 앞다퉈 크립토펑크를 구매했다. 세계적인 래퍼 스눕독이 구매했고, 저스틴 비버, 여자 테니스 스타 세레나 윌리엄스도 남편이자 레딧 창업자인 오하니언으로부터 크립토펑크를 선물 받았다. 시장에서 가장 비싼 NFT 작품을 구매하면서 자신들의 웹3 정체성을 표현하려는 일종의 '플렉스'였다. 크립토펑크가 특별한 유틸리티 기능을 가졌거나 엄청난 예술적 가치를 지니진 않았기 때문이다. 이런 화제성으로 크립토펑크 최저 가격은 200이더리움을 넘어서기도 했다. 이 정도 가격을 지불하고 구매하려면 부가 형성된 자산가들이나 참여할 수 있다. 그래서 크립토펑크의 NFT업계에서의 위상은 점점 더 올라갔다. 실제로 크립토펑크 홀더들은 사회적 지위도 높았지만 업계에서 선구적 위치에 있는 홀더들도 많아 24×24라는 단순 픽셀 속에 숨겨진 엄청난 웹3 사교클럽으로 자리 잡았다. 때문에 NFT 시장 초기에는 대부분의 신규 NFT 프로젝트들이 크립토펑크 홀더들에게 화이트리스트를 최우선적으로 부여하며 모셔가기 바빴다. NFT 프로젝트 입장에서도 NFT 선구자인 크립토펑크 홀더들이 참여해 준다면 그만한 마케팅 효과가 없기 때문이었다.

크립토펑크의 인기는 웹3를 넘어 웹2에서도 하나의 아트로 인정받기 시작했다. 실제로 크립토펑크는 소더비, 크리스티 등 유수의 오프라인 경매에 출품돼 아트 콜렉터들에게 큰 주목을 얻었다.

마스크를 낀 크립토펑크는 코로나 시대에 맞춰 소더비 경매에서 1200만 달러에 낙찰됐다.

크립토펑크는 BAYC로 대표되는 NFT업계의 거대 공룡기업 유가랩스에 2022년 3월 인수됐다.

NFT 기술표준의 새 패러다임 제시

크립토펑크는 NFT 역사에 중요한 획을 긋는 작품이었지만 단순 상징성 외 기술력에서도 미친 영향이 컸다. 기존 NFT는 ERC-20라는 방식이 적용돼 각각의 희귀도를 표현하기 어려웠다. 그래서 크립토펑크팀은 ERC-20의 일부 코드를 수정했다. 예를 들어 철수와 영희가 가진 동일한 공책의 희귀도 구분을 위해 잠시 포스트잇을 붙여 놓은 식이었다. NFT 시장은 이후 이 기술을 발전시켜 ERC-721이라는 새로운 표준 규약을 만들어 냈다. ERC-721는 발행된 토큰 가치가 다르므로 소유권과 한정판 개념을 살릴 수 있게 됐다. 코드의 전면 수정이 아닌 일부 수정이었다 해도 크립토펑크가 NFT 시장의 핵심 요소인 희귀도 구분의 첫 시발점 역할을 했던 것이다.

크립토펑크는 2022년 3월 11일, 또 하나의 전기를 맞았다. BAYC로 대변되는 NFT 거대 기업 유가랩스로 인수된 것. 크립토펑크는 유가랩스의 BAYC 등장 전까지 가장 비싸고, 가장 선망의 대상인 NFT였지만 시간이 지나면서 BAYC에 밀리기 시작했다. 비즈니스 마인드를 갖춘 유가랩스의 NFT 시장 장악은 크립토펑크 홀더들에게는 신선한 충격이었고, 부러움의 대상이었다. 결국 라바랩스는 "기술 개발 차원에서 프로젝트를 시작했지만 커뮤니티를 성장시키는 건 우리 역량을 벗어난 일"이라며 유가랩스로의 매각을 공식 발표했다. 유가랩스는 BAYC 생태계로의 흡수보다 크립토펑크 자체 커뮤니티를 존중하는 방향으로 이끌겠다고 밝혔다. 크립토펑크가 유가랩스로의 합병을 통해 어떤 성장세를 보여줄지 지켜보자.

BAYC(수량: 1만 개, 발매일: 2021.4.30, 민팅 가격 0.08ETH, 최고가 120ETH)

현재 NFT 최고 블루칩이자 시장을 주도하는 프로젝트는 바로 BAYC Bored Ape Yacht Club에 해당하는 말이다. NFT를 잘 모르는 사람도 한 번은 들어본 이름이기도 하다. 우리말로 풀이하면 '지루한 원숭이의 요트클럽'의 약자다. 암호 화폐 상승으로 벼락부자가 되면서 모든 일상이 지루해져 버린 크립토 부자들의 세계관을 담았다. 원숭이는 무지성 투자를 상징하는 에이핑Aping을 의미한다. 요트는 부자들을 상징하는 대명사에서 착안했다. 무지성 투자를 통해 '졸업'을 꿈꾸는, 닿고 싶어도 닿을 수 없는 크립토인들의 소망을 해학적으로 담아낸 셈이다. 그러나 만약 이 NFT를 발행 초기에 구매했다면 졸업이 가능했다. BAYC 초기 구매 가격은 약 30만 원이었다. 다소 비싸 보일 수도 있지만 1년 뒤 이 NFT의 가격은 제일 저렴한 게 5억 원을 훌쩍 넘어섰다. 수익률로는 1000배가 넘었다.

BAYC는 배경, 모자, 눈, 옷, 귀걸이, 털, 입 등 7가지 속성을 바탕으로 총 수량 1만 개로 구성돼 있다. 레이저빔을 쏘거나, 골드 색깔은 희귀도가 높아 비싸게 거래된다. 이런 특성들은 200~400이더리움, 한국 돈으로 10억 원 수준에 거래된다.

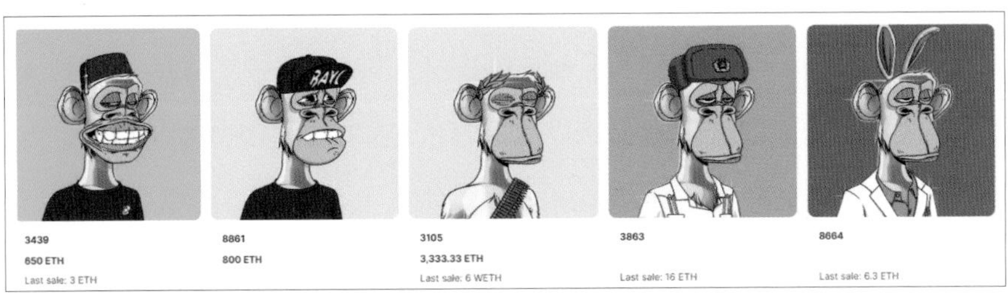

Sale	6776 Bored Ape Yacht Club	240.880 WETH $465,423.52	--	1	13E9C3	MetaStone_Gr...	4mo ago
Sale	9234 Bored Ape Yacht Club	260 ETH $502,299.20	--	1	kwuzy	C9F02E	6mo ago
Sale	1725 Bored Ape Yacht Club	250 ETH $482,980.00	--	1	ChairmanApe	nobody_vault	1y ago
Sale	7076 Bored Ape Yacht Club	301 WETH $581,586.18	--	1	M4T	TGT_1	1y ago
Sale	6694 Bored Ape Yacht Club	420.690 ETH $812,739.42	--	1	D83E66	801B68	2y ago
Sale	118 Bored Ape Yacht Club	200 WETH $386,436.00	--	1	DomainBooth	B6386A	2y ago
Sale - Reserved	9449 Bored Ape Yacht Club	285 ETH $550,597.20	--	1	TheArtchitech	nobody_vault	2y ago

BAYC에서 레이저빔을 쏘거나 황금으로 된 속성은 10억 원 이상에 거래된다.

유가랩스에서 만들어내는 꼬꼬무 프로젝트

미국에 본사를 둔 유가랩스YUGA Labs의 BAYC는 2021년 4월 23일 출시했다. 당시 가치로는 약 30만 원이면 구매가 가능했다. 돌이켜 보면 역사적인 순간이었지만 매진까지는 시간이 필요했다. 당시 BAYC 공식 트위터의 좋아요 숫자는 150여개에 불과할 정도로 인기가 많진 않았다. 1주일이 지나 매진이 임박한 시점, BAYC팀은 홀더들이 자유롭게 낙서하고, 잡담을 나눌 커뮤니티인 Bathroom을 오픈했다. BYAC의 성공가도가 열리는 역사적 순간이었다. 2021년 10명에서 시작된 유가랩스는 BAYC의 성공을 발판으로 2023년 6월 말 현재 130명의 직원을 둔 기업으로 성장했고, 크립토펑크, 10KTF, Meebits 등 기존 NFT 블루칩들을 연이어 인수하며 NFT업계에서 최대 공룡기업으로 성장했다.

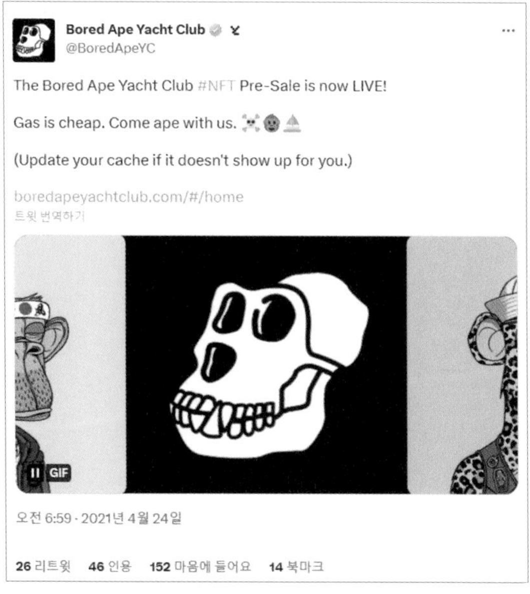

2021년 4월, BAYC의 역사적인 민팅 소식이 트위터에 공지됐지만 리트윗이 26개에 불과할 정도로 인기가 없었다.

오로지 홀더와 커뮤니티만 생각

유가랩스의 BAYC 성공 이유는 '꼬꼬무' 전략이다. 꼬리에 꼬리를 무는 혜택들이 이어졌기 때문이다. BAYC 민팅 후 2달 만인 2021년 6월, 비밀 아지트에 혼자 지내는 1만 개 원숭이들의 외로움을 달래기 위해 반려동물을 선물하자는 아이디어에서 착안, BAKC Bored Aped Kennel Club 라는 애완견 1만 마리를 홀더들에게 무료로 배분했다. BAKC는 무료로 배포됐지만 최대 2000만 원을 넘어설 정도로 인기를 얻었다.

최상위 부유층에 반려견을 선물한 다음, 2021년 8월에는 BAYC보다 낮은 계급으로 지하 하수구에서 생활하는 MAYC Mutant Aped Yacht Club 도 BAYC 홀더들에게 무료로 배포했다. 보다 정확히는 극적인 재미를 위해 BAYC 홀더들에게 뮤턴트세럼 Mutant Serum 이라는 물약을 나눠줬고, 이 물약을 먹고 돌연변이가 나타나면서 새로운 MAYC가 탄생했다.

주목할 점은 MAYC 수량이 2만 개였다는 점이다. 1만 개는 BAYC 홀더들에게 무료로 제공했고, 1만 개는 옥션을 통한 구매로 신규 홀더들을 확보했다. MAYC 공급량을 2만 개로 늘려 BAYC 세계관을 점차 확대해 나가려는 전략이었다. 2021년 8월 MYAC 성공 이후 BAYC는 평균 거래가격 1억 원을 돌파하며, 블루칩의 상징적 존재인 크립토펑크 아성마저 넘보기 시작했다.

Bored Ape Yacht Club
@BoredApeYC

Introducing the Bored Ape Kennel Club.
boredapeyachtclub.com/#/kennel-club
영어에서 번역(Google 제공)
Bored Ape Kennel Club을 소개합니다.
boredapeyachtclub.com/#/kennel-club

오전 6:59 · 2021년 6월 19일

BAYC의 애완동물 BAKC가 홀더들에게 무료로 제공됐다.

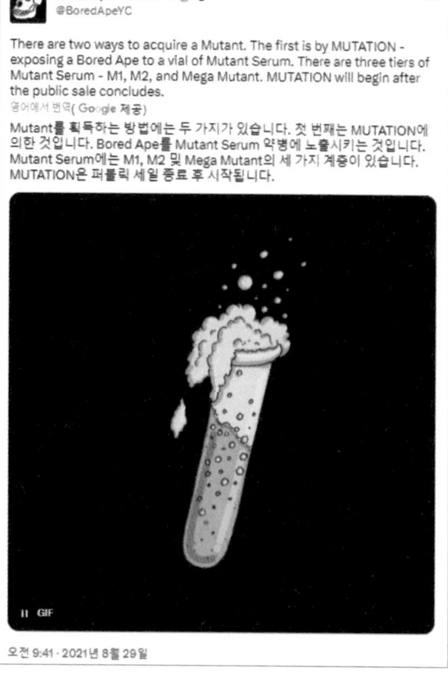

Bored Ape Yacht Club
@BoredApeYC

There are two ways to acquire a Mutant. The first is by MUTATION - exposing a Bored Ape to a vial of Mutant Serum. There are three tiers of Mutant Serum - M1, M2, and Mega Mutant. MUTATION will begin after the public sale concludes.
영어에서 번역(Google 제공)
Mutant를 획득하는 방법에는 두 가지가 있습니다. 첫 번째는 MUTATION에 의한 것입니다. Bored Ape를 Mutant Serum 약병에 노출시키는 것입니다. Mutant Serum에는 M1, M2 및 Mega Mutant의 세 가지 계층이 있습니다. MUTATION은 퍼블릭 세일 종료 후 시작됩니다.

GIF

오전 9:41 · 2021년 8월 29일

BAYC의 하위 브랜드 MAYC도 홀더들에게 무료로 제공됐고, 나머지 1만 개는 옥션으로 판매됐다.

유가랩스는 토큰도 홀더들에게 무료로 배분했다. 2022년 3월 에이프Ape 코인을 BAYC 생태계 홀더들에게 제공한 것이다. BAYC 홀더들에게는 약 1만 개, MAYC 홀더들에게는 약 2000개가 배분됐고, BAKC홀더들에게도 일부 배분됐다. 2022년 3월 당시 에이프 코인 가격이 개당 13달러 수준이었으므로 BAYC 홀더들은 공짜 토큰으로만 13만 달러를 얻었다. 홀더들을 위한 혜택이 끊임없이 이어졌지만, BAYC는 단순히 시장 흐름에 편승해 무지성 배분하지 않았다. BAYC → BAKC → MAYC로 넘어가는 과정은 내러티브에 입각한 스토리텔링이 있었고, 에이프 코인은 향후 유가랩스 생태계 내에서 활용될 중요한 통화였다.

지적 재산권 보장

또 다른 성공요인은 홀더들이 지적 재산권IP를 활용할 수 있게 했다는 점이다. BAYC를 구매하면, 해당 NFT를 홀더가 자유롭게 사업 아이템으로 활용할 수 있다. 골프 의류를 만들어도 되고, 햄버거 프랜차이즈를 개업할 수 있다. 기업체가 아닌 일반 개인이 브랜드 네임과 브랜드 관리를 하기 쉽지 않다는 점을 감안하면 BAYC 브랜드를 활용은 홀더들에게 큰 장점이었다. 의류, 식당, 음악, 장난감까지 점점 더 그 세계관이 확장 중이다. 한국도 마틴 골프, 수프라 등에서 BAYC를 활용한 의류와 모자 제품들이 출시됐다.

BAYC 세계에서는 서로의 브랜드 가치 증대를 위해 다른 홀더들이 IP 제품을 출시하면 서로 응원하고 도와주는 문화가 형성돼 있다. 이 프로젝트가 성공하면 자신들의 NFT 가치도 높아지리라는 사실을 알기 때문이다. 유가랩스 입장에서도 홀더들이 다양한 IP를 활용해 비즈니스가 성공하면 자연스럽게 자신들의 브랜드 가치도 높아진다는 계산을 갖고 있었다.

유가랩스는 이제 단순 NFT를 넘어 아더사이드Otherside라는 웹3 기반의 메타버스 세상을 꿈꾼다. 그 중심에는 게임이 자리한다. 마이클 피기 CCO는 “유가랩스의 최종 목표는 유가랩스 직원들이 모두 잠든 순간에도, 아더사이드라는 공간에서 커뮤니티 멤버들이 서로 게임하고, 대화를 나누는 세상"이라고 말했다. 단순 MMORPG를 넘어, 커뮤니티가 중심이 돼 모든 것이 결정되는 사용자 기반의 진정한 웹3 메타버스를 목표로 한다는 의미다.

AZUKI(1만 개, 2022년 1월 12일, 민팅가: 0.08ETH, 최고가 40ETH)

화려한 색감, 일본 애니메이션 주인공들을 보는 듯한 수준 높은 아트 퀄리티, 일본어로 '팥'이라는 의미를 가진 아주키Azuki 프로젝트다. 아주키는 출시 초반부터 커뮤니티 내 엄청난 화력을 자랑하며 단숨에 블루칩으로 자리잡았다. 창업자의 기존 NFT 먹튀 이력과 시즌2 실패로 가격이 급락하기도 했지만 탄탄한 커뮤니티를 기반으로 재기에 성공했다.

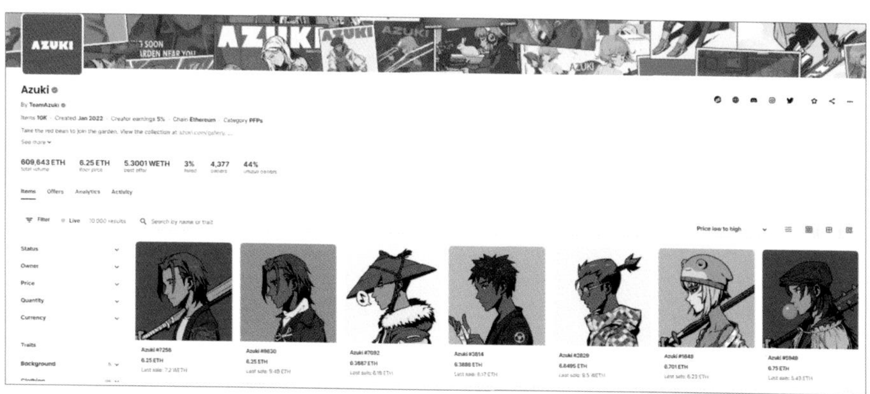

힙한 이미지 어필

아주키 파운더인 자가 본드는 LA에 치루 랩스Chiru Labs를 설립한 뒤 애니메이션 아트와 스케이트보더의 반항아 이미지가 NFT와 맞아떨어진다고 판단, 프로젝트를 시작했다. 동북아시아에서 가장 많이 재배되는 '팥'이라는 의미를 일본어로 지을 만큼 자가본드는 아시아 시장에 관심이 많았다. 자가본드도 중국계 미국인이었고, NFT 시장에서 미국 대비 소외됐던 아시아 시장을 잘 공략하면 성공 가능성이 높다고 판단했다. 자가본드 이름 자체도 Crzay의 Z와 그가 가장 애정 하는 일본 만화 〈베가본드〉에서 따 왔을 정도였다. 아시아를 겨냥한 아주키는 특히 NFT의 큰 손 중국인들의 뜨거운 관심을 받는 계기가 됐다.

아주키 파운더인 중국계 미국인, 자가본드

400이더가 넘는 스피릿 속성

아주키 수량은 총 1만 개며, 총 4가지 유형이 있다 인간 9018개, 블루 444개, 레드 441개, 스피릿이 97개다. 스피릿이 수량이 가장 적은 만큼 가격도 비싸다. 실제로 스피릿 속성의 아주키 #9605은 420.7이더리움, 그 당시 가격으로 약 12억 원에 판매되기도 했다. 스피릿 속성을 보유한 사람들은 스피릿 다오DAO라는 연합체를 결성해 프로젝트가 위기를 겪을 때마다 아낌없은 지원을 보여줬다. 스피릿 속성은 최소 50이더리움 이상의 가치가 있는 만큼 해당 NFT를 판매한 뒤 가격이 가장 저렴한 아주키 가격들을 한꺼번에 구입함으로써 가격 하락을 지켜냈다. 일종의 자사주 매입을 통한 가격 방어다.

아주키의 희귀 속성 스프릿(Spirit)을 보유한 홀더들은 팀이 위기일 때마다 구원투수 역할을 해 왔다.

퀄리티 높은 아트

아주키의 가장 큰 성공 요인으로 커뮤니티 힘을 언급하지만 그런 응집력이 생긴 배경은 단순히 생기지 않는다. 아주키는 우선 NFT가 지켜야 할 기본적인 요건에서 남들보다 우위에 있었다.

특히 NFT 아트 퀄리티가 뛰어났다. 아주키 이전 발행됐던 NFT들은 조악한 형태들이 많았다. 작품 퀄리티보단 NFT 보유 자체의 상징적 의미가 컸다. 크립토펑크만 해도 24×24 작은 픽셀에 불과했다.

하지만 아주키는 달랐다. 오버워치, 블리자드 등 세계적 인기 게임의 리드 아티스트였던 아놀드 탕Arnold Tsang을 영입했다. 아놀드가 자문역이 아닌 풀타임Full time 역할로 합류하면서 아주키 아트 퀄리티에 대한 기대감도 급격히 높아졌다. 아주키 NFT 작품 일부가 공개되면서 아주키가 NFT시장의 아트 퀄리티를 몇 단계 이상 끌어올렸다는 평가가 여기저기서 나왔다. NFT 및 게임투자 전문회사로

아주키 아트 퀄리티를 책임진 아놀드 탕 오버워치 메인 아티스트

유명한 벤처캐피탈 스퍼미언Sfermion사의 앤드류 스타인월드 수석 심사역은 "아주키는 다른 NFT와 확연히 비교되는 놀라운 아트 퀄리티를 가졌다"라는 내용을 언론 인터뷰에서 언급하기도 했다.

중국시장 적극 공략

앞서 언급했듯 아주키는 출시 당시부터 아시아 시장을 주목한 것도 성공요인이다. 특히 중국 시장 공략이 주효했다. 자가본드는 "아시아 투자자들과 대화를 나누고 싶다"라고 공공연히 밝혔다. 아주키라는 반항아적인 이미지에 맞게 기존 메인 시장인 서구 문화보다는 아시아 시장에 더 공을 들인 것이다. 실제로 아주키 웹 사이트를 접속하면 영어 버전과 함께 중국어 버전이 있을 정도로 아시아, 그 중에서도 중화권 영향력이 크다. 특히 자가본드가 중국계 미국인이라는 사실이 밝혀지면서 중국 인플루언서들의 막강한 화력이 더해졌다. 구글 등 글로벌 기업에서 근무한 경험을 가진 자가본드의 마케팅 전략이 성공을 거둔 셈이다.

아주키 홈페이지는 영문 외 중국어 버전도 있다.

아주키는 화이트리스트Whitelist 부여 방식도 달랐다. 기존의 NFT 화이트리스트는 커뮤니티 활동 또는 추첨을 통해 부여하는 형태였다. 하지만 일찍 화이트리스트에 당첨되면 그 이후에는 참여자의 참여율이 떨어지는 단점이 있었다. 아주키는 이런 점을 보완하기 위해 참여자들의 다양한 활동 내역들을 분석한 뒤 비공개로 화이트리스트를 최종 부여했다. 프로젝트 충성도가 높은 사람들에게 우선권을 보장한다는 취지였다. 참여자들은 어떤 선정 조건인지 알 수 없으므로 더 왕성히 활동했고, 화이트리스트 선정 난이도는 점점 높아졌다. 화이트리스트를 얻기 위해 모든 걸 갈아 넣는다던 그라인딩Grinding, 챗굴의 시발점이 아주키였다. 워낙 인기가 높았던 만큼 몇 분 만에 모두 완판됐고, 어렵게 얻은 화이트리스트인 만큼 투자자들도 바로 매도하지 않았다.

지갑을 확인하라 Check your Wallet

아주키도 홀더들을 위해 다양한 혜택들을 제공했다. 웹2와 웹3의 브릿지 역할을 강조한 만큼 아주키는 홀더들에게 실제로 입을 수 있는 일본 스트리트패션의 상징인 스카잔 점퍼, 후드티 등을 무료로 제공했다. 앰부쉬, 사토시 나카모토 등 기존 NFT 프로젝트들과는 다르게 해외 명품 스트리트 브랜드들과 협업했다. 앰부쉬는 후드티 가격만 70만 원, 사토시 나카모토 후드티도 100만 원이 넘는다.

가장 하이라이트는 2023년 1월 아주키 1주년 행사였다. 아주키 홀더 파티 중 등장한 자가본드가 동영상으로 축하메시지를 전하다 "Check your Wallet지갑을 확인하라"을 외쳤고, 홀더들 지갑 속에는 개당 2개의 빈즈Beanz NFT가 지급됐다. '팥'이라는 일본어의 아주키가 빈즈Beanz라는 실제 영어 이름으로 바뀌어 홀더들에게 배분된 것이다. 빈즈는 한때 최고가 6이더리움까지 육박했다. 아주키 홀더들이 최고가에 매도했다면 12이더리움, 한국 돈으로 약 4000만 원가량의 수익을 올릴 수 있었다. 시즌 2에는 "Check your Mother Fucking Wallet!"을 외치며 엘리멘탈이라는 서브 브랜드 NFT를 무료로 제공했다. Check Your Wallet은 NFT 바닥에서 외치는 하나의 밈으로까지 자리 잡을 정도의 명언이 됐다.

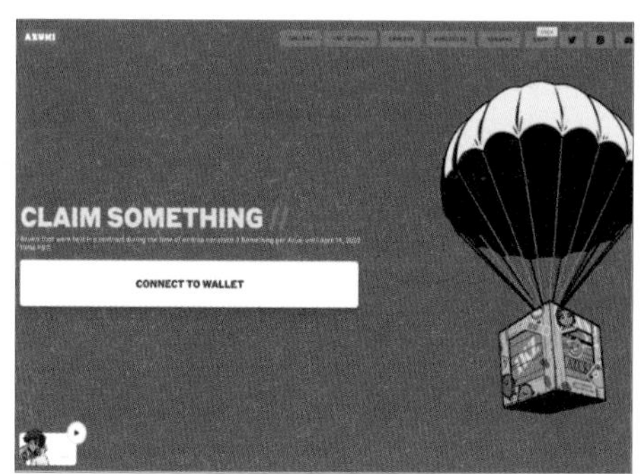

아주키가 홀더들에게 빈즈(좌)와 엘리멘탈(우)을 무료로 제공했다.

아주키는 네이버 라인프렌즈와 캐릭터 비즈니스 협업을 출시했다.

아주키가 지급한 NFT들은 단순 일회성 선물은 아니었다. 처음 지급한 빈즈는 귀엽고 사랑스러운 캐릭터였다. 이런 캐릭터 이미지는 캐릭터 사업 진출을 염두에 둔 팀의 전략이었다. 실제로 아주키는 2023년 4월 디지털 IP 플랫폼 회사 IPX 구 라인프렌즈와 전략적 파트너십을 발표했고, 2024년 1분기 피규어, 키링, 텀블러 등을 공식 출시했다. 특히 피규어는 발매 2주 만에 완판을 기록하며 화제를 모았다. 시즌 2에서 등장한 엘리멘탈은 애니메이션 IP와 관련된 아주키 팀의 계획을 추정할 수 있는 프로젝트였다. 캐릭터 산업과 애니메이션, 게임, 이 3가지 IP 비즈니스에 초점을 맞춘 장기 로드맵을 착착 실행해 가는 과정을 홀더들과 함께 나눈 것이다.

가장 강력한 커뮤니티 Strongest Community

아주키는 늘 성공가도를 달린 것 같지만 그렇지 않았다. 오히려 타 프로젝트들보다 훨씬 더 큰 굴곡들이 있었다. 그 뒤에는 홀더들을 생각하는 아주키 팀에 대한 홀더들의 충성심이 늘 버팀목이 되어줬다.

2022년 5월, 자가본드는 트위터로 'A Builder's Journey'라는 글을 올린다. 주 내용은 CryptoPhunks라는 크립토펑크 아류 NFT를 진행하면서 겪은 시행착오 내용이었다. 많은 것을 배웠고, NFT라는 긴 여정을 위해 더 확실히 준비하고 나아가겠다는 선언이었다. 하지만 불똥이 이상하게 튀었다. 투자자들에게 '먹튀'의 아픔으로 남아 있는 해당 프로젝트의 파운더가 자가본드였다는 건 큰 충격이었다. 이 과정에서 자가본드는 사과보다 변명으로 일관했고, 40이더리움을 넘어섰던 가격이 6이더리움까지 하락했고, 자가본드는 'I fucked up' 이라는 사과문을 발표하기에 이른다. 이후에도 자가본드는 계속 NFT업계에서 조롱당했지만 그를 지지한 건 커뮤니티였다. 디스코드와 트위터에서 응원의 메시지를 보고, 팀도 시즌 장기 로드맵들을 꾸준히 이어나가면서 커뮤니티의 지지에 화답했다. 시즌 2의 실패도 있었지만 최악의 상황을 넘기고 다시 예전의 수준을 회복하는 과정이다.

이런 위기들을 겪으면서 팀과 홀더들은 서로 뭉치면 언제든 부활할 수 있다는 확신을 갖게 됐다. 중요한 공지사항을 전하고, 이를 토론하는 아주키 트윗 스페이스에는 수천 명의 사람들이 참여한다. 다른 프로젝트에서는 결코 볼 수 없는 모습이다. 커뮤니티=성공, 이 공식을 가장 명확히 보여주는 프로젝트가 아주키다.

캡틴즈 (9999개, 2023년 1월 4일, 민팅가: 1.1069ETH, 최고가 10ETH)

'사람들을 웃고 행복하게 만드는 커뮤니티를 만들어 보자'

웃긴 동영상과 사진을 이메일보다 쉽게 공유하자는 취지에서 2008년 레이 찬Ray Chan이 설립한 커뮤니티 9GAG. 1페이지당 9개의 밈이 올라가는 것이 기원이 돼 9개그로 이름 붙여진 이 팀은 16년이 지난 지금 약 2억 명의 구독자 수를 가진 세계 최대 밈 사이트로 자리매김했다.

9개그 팀은 자체 보유 데이터를 발판으로 다양한 사업들을 시도했지만 큰 성공을 거두지 못했다. 그리고 다시 본인들이 가장 잘할 수 있는 분야, 커뮤니티의 힘을 활용하는 NFT 시장에 눈을 돌렸다. 9개그가 밈에서 출발한 만큼 밈랜드Memeland라는 NFT 프로젝트 명은 필연적이었다.

밈랜드 생태계는 MVP-캡틴즈-포테이토즈가 유기적으로 얽혀 있다. 따라서 캡틴즈를 알기 전 MVP와 포테이토즈부터 이해해야 한다. 밈랜드 팀은 2022년 6월, 9개그 커뮤니티에 기여한 참여자에게 감사를 표하며 NBA 농구스타 케빈 듀란트가 수상 당시 어머니에게 "당신이야말로 진정한 MVP"라는 표현을 따 MVP라 명명한 그들의 첫 NFT 프로젝트를 출시했다.

MVP는 2022년 당시 블라인드 옥션으로 진행됐다. 1~300명 중 가장 최하 300등이 제시한 5.3이더리움이 민팅 가격으로 정해졌다. 사용자 참여 중심의 9개그팀 철학이 묻은 방식이지만 가격이 너무 높아 흥행에 실패했다. 197명만 민팅에 참여했고, 잔여 물량은 팀에 귀속됐다. 아쉬움이 많이 남는 첫 단추였다. MVP 총 공급량은 420개다. 9개의 특성으로 나뉘지지만 희귀도 구분 없이 동등한 유틸리티를 가진다. 밈랜드 생태계에서 제공되는 여러 프로젝트와 혜택들 중에서 최우선권이 부여된다. 따라서 최소 바닥 가격이 40이더리움을 넘어서기도 했다.

밈랜드 생태계의 최상위 버전, MVP NFT는 NBA 스타 케빈 듀란트의 MVP 수상 소감에 영감을 받아 제작됐다.

포테이토즈, 밈랜드 입장권

MVP의 다음 프로젝트인 포테이토즈potatoz는 밈랜드 기본 입장권 같은 역할이다. 밈랜드 생태계의 중요한 브릿지 역할 수행 기능을 가진다. 입장권 개념이므로, 무료로 배포됐고, 9999개 모두 완판됐다. 포테이토즈는 민팅 이후 더 시장의 주목을 얻었다. 총 0~5단계의 과정을 거치며 NFT 아트를 서서히 공개하는 방식을 처음으로 택한 것이다. 단계마다 홀더들이 보유한 NFT 모습이 바뀌었고, 각 단계로 다양한 추첨 이벤트들이 진행되면서 홀더들의 기대감은 더 커져 나갔다. 밈랜드 생태계 내에서 포테이토즈를 보유하면 보유 개수에 따라 캡틴즈 확정 구매가 가능했고, 토큰 발행 등 생태계의 후속 프로젝트 출시에 이점이 부여됐다.

캡틴즈는 밈랜드 생태계 내 상위 컬렉션이자 주축 NFT다. 밈즈 다오DAO의 재무상황, 거버넌스 규칙, 파트너십 등의 의사결정에 참여할 권한을 가진다. 밈MEME 토큰과 트레저 아일랜드 등 후속 프로젝트에서도 우선적 혜택이 부여된다.

캡틴즈의 성공요인, 오래 보유하자

밈랜드 팀은 2022년 6월을 시점으로 약 7개월 동안 MVP, 포테이토즈, 캡틴즈까지 생태계 내 NFT 프로젝트들을 연달아 출시하면서 큰 성공을 거두었다. MVP를 보유하고, 포테이토즈도 보유하면 캡틴즈 구매에 큰 혜택을 보유하면서 오래, 많이 보유할수록 더 큰 혜택을 주는 성공 사례를 보여줬다. NFT 약세장에서 거둔 성과라

더 주목할 만하다.

밈랜드는 프로젝트마다 서로 간의 유기적 연결고리를 이어갔다. MVP는 포테이토즈와 캡틴즈 구매에 최우선 권리가 부여됐다. 포테이토즈는 캡틴즈와 결합 시 밈토큰 스테이킹Staking 채굴 효율을 높일 수 있고, 이 캡틴즈에서 채굴되는 트레저 맵은 향후 출시 예정인 NFT 트레져 아일랜드에서 주요 역할을 할 가능성이 높다. 마치 작품마다 연결된 마블 시리즈를 연상시킨다.

특히나 밈랜드 홀더들에게 2023년 11월 아무런 약속도, 로드맵도 없는 밈 코인이 바이낸스에 상장됨으로써 홀더들에게 큰 수익을 안겨다 줬다. 캡틴즈 홀더 당 최소 수천만 원의 수익을 안겨주면서 밈랜드 생태계는 다시 한번 시장 주목을 받게 됐다.

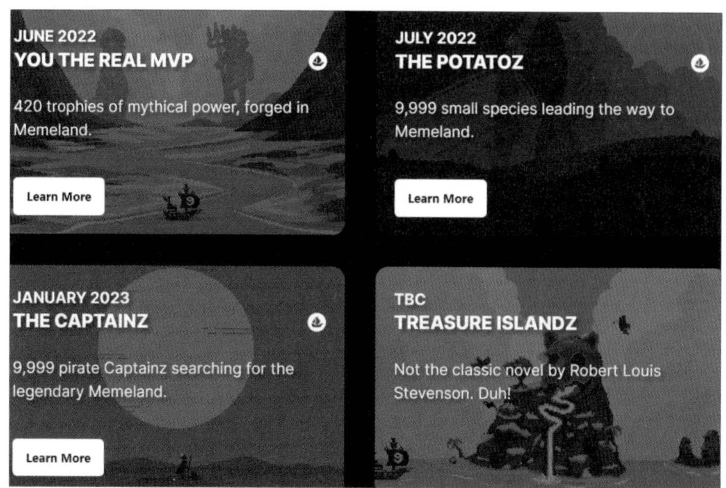

밈랜드 생태계는 MVP, 포테이토즈, 캡틴즈 프로젝트까지 성공적으로 진행했다. MVP, 포테이토즈, 캡틴즈 프로젝트까지 성공적으로 진행했다.

풍부한 WEB3 조언자

9개그 팀의 웹2 성공 아이템 밈MEME은 웹3에서도 성공 가능성이 높은 아이템이었다. 따라서 9개그 팀이 NFT 출시를 발표하자마자 시장에서 큰 기대를 받았다. 웹3 유명인사들이 너 나 할 것 없이 몰려 들었고, 비프렌즈 개리비, 문버드 케빈 로즈, 사이버콩즈 코코 베어 등 NFT업계 유명인들이 고문과 투자자로 참여했다. NFT 프로젝트에서 큰 성공을 거둔 후원진들의 조언은 밈랜드 팀의 NFT 시행착오를 줄이는 데 큰 도움을 줬다.

깔수록 궁금하다

밈랜드 프로젝트는 NFT 작품 공개 단계를 세분화했다. 작품 공개 과정도 홀더들에게 새로운 기다림의 즐거움을 제공하겠다는 취지였다. 그리고 아트 작품 공개 단계를 최대한 길게 끌면서 투자자들이 NFT 투자 뒤 관심이 줄어드는 현상도 막으려 노력했다. NFT의 유틸리티 기능도 한꺼번에 공개하지 않았다. 캡틴즈 NFT가 마무리됐음에도 스테이킹을 통해 얻는 트레저리 맵스의 용처는 아직 구체적으로 공개되지 않았다. 이런 궁금증 유발이 NFT를 기대하는 또 다른 재미라고 팀은 판단하는 듯하다.

캡틴즈는 한 번에 NFT 아트를 공개하지 않고 단계별로 공개해 홀더들에게 기다리는 재미를 선사했다.

퍼지펭귄 (8888개, 2021년 7월 23일, 민팅가: 0.03ETH, 최고가 21 ETH)

금방이라도 쓰러질 것 같은 뚱뚱한 몸매와 귀여운 얼굴. 숨 막히는 뒤태를 자랑하는 귀요미 NFT 이름은 퍼지 펭귄이다. 뚱뚱하다는 의미의 '퍼지Pudge'를 앞에 붙인 이 NFT는 성공과 나락, 재기라는 드라마 같은 스토리를 담고 있다. 프로젝트 자체가 존폐 위기에 놓였다가 지금은 가장 주목받는 NFT가 된 퍼지펭귄의 롤러코스터 같은 NFT 여정을 돌아보자.

대학교 과제 프로젝트로 시작

퍼지펭귄은 센트럴 플로리다대학University of Central Florida에서 컴퓨터과학을 전공한 클레이튼 패터슨Clayton Patterson과 COLE이라 불리는 콜 빌메인Cole Villemain 등 대학 동기들이 협력해 만든 학교 프로젝트에서 출발했다. 새가 대중들에게 친근감을 준다는 점에 착안해 펭귄을 테마로 잡았고, 뚱뚱한 펭귄이 밈으로서의 잠재력이 크다 생각해 'Pudgy'뚱뚱한를 붙이게 됐다. 팀은 "우정과 동정심은 추위와 고립에서 구해 주며, 상상력과 놀이는 사람들 내면의 동심을 깨워 준다"며 어른들에게 어렸을 적 동심을 자극하며 NFT 프로젝트 참여를 독려했다.

뒤뚱뒤뚱 귀요미 캐릭터

퍼지펭귄은 총 8888개로 구성돼 있다. 속성은 몸, 얼굴, 배경, 피부, 머리 5가지다. 다른 NFT 프로젝트와 달리 각 5가지의 세부 항목들이 매우 다양하다. 아바타 게임처럼 다양한 선택지를 활용할 수 있다. 배경은 총 13가지 유형이고, 아바타만 해도 1587개다. 녹색, 해변, 슈퍼마켓 등이 가장 희귀하다. 신체는 총 64가지 유형이다. 셔츠 블루Shirt Blue가 가장 많다. 바나나 슈트, 미러, 베개 케이스, 파인애플 슈트, 상어 슈트 등이 가장 드물다.

대부분 오른쪽을 바라보고 있지만 유일하게 왼쪽으로 바라보는 펭귄이 있다. 이런 NFT는 희귀도가 크므로 값이 비싸다.

퍼지펭귄 캐릭터 중 유일하게 왼쪽을 바라보는 속성은 10억 원에 거래됐다.

초반 흥행은 대단했다. 2021년 7월 암호화폐 시장이 다시 상승기를 맞이할 때 시작한 타이밍이 좋았다. 팀은 대중들에게 어린이 책, NFT 서적, 토큰 발행, 게임 등 야심찬 로드맵을 밝히며 시장의 주목을 끌었다. 특히 BAYC의 성공으로 이미 사람들은 NFT에 대한 관심이 높아진 터였다.

귀엽고 뚱뚱한 펭귄은 0.03이더리움에 민팅을 진행했고, 20분 만에 매진됐다. 게다가 케빈 루즈 뉴욕타임즈 칼럼니스트가 "나는 펭귄 NFT 클럽에 가입했다I joined penguins NFT club"라는 제목 하에 파운더의 인터뷰와 함께 디스코드에 가입하고 퍼지펭귄을 구매하는 과정을 칼럼으로 다뤘다. 뉴욕타임즈라는 주류 언론의 관심을 등에 업자 퍼지 펭귄의 가격은 발매 1주일 만에 2.4이더리움을 넘어섰다. 시장의 주목을 끌면서 NBA 슈퍼스타 스테판 커리도 구입하면서 퍼지 펭귄의 상승세는 날개를 달았다.

인기 정점에서 찾아온 위기

너무 빠른 성공에 취한 탓일까? 퍼지펭귄에 위기가 찾아온다. 첫 위기는 팀 내 갈등에서 시작됐다. 디스코드 채널 관리자였던 콜드피자Coldpizza.eth는 계획성 없는 팀의 운영방식에 대한 불만과 함께 월급 미지급 사실을 공개했고, 팀이 입막음 조건으로 뇌물을 제공하려 했다는 내용을 폭로했다. 프로젝트가 성공가도로 진입한 지 불과 4개월 만의 일이었다.

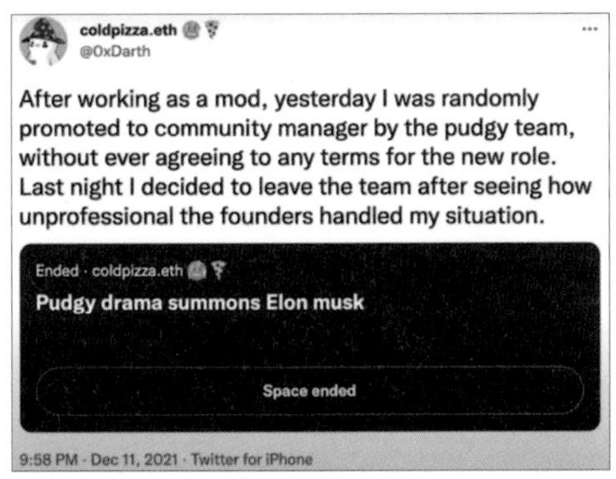

퍼지펭귄의 관리자였던 콜드피자는 퍼지펭귄 팀의 불합리한 운영방식에 불만을 제기했다.

엎친 데 덮친 사건이 터졌다. 2021년 8월 홀더들에게 크리스마스 시기에 부화시킬 계획이라며 지급한 계란 세트는 막상 당일 공개되자 사용처도 없고 아트 질도 떨어지는 낚시대 모양이였다. 그러자 팀은 뒤늦게 릴 퍼지Lil Pudgys를 출시했지만 이미 홀더들의 반응은 냉담했다.

2022년 접어들면서 아예 치명타를 맞았다. 퍼지펭귄을 200개 이상 보유한 9×9×9라는 인플루언서가 팀의 공금횡령 의혹을 제기하며 빌메인 Villemain 을 공개 저격했다. 빌메인을 포함한 공동 설립자들이 퍼지펭귄 프로젝트 자금을 탕진했다고 주장한 것. 온체인 분석가 ZachXBT의 조사결과, 팀은 지갑을 비우고 코인베이스 계좌로 약 4000이더리움을 인출한 사실이 밝혀졌다. 커뮤니티는 분노했고, 파운더들이 프로젝트에서 손을 떼야 한다고 강력 주장했다. 이 과정에서 퍼지 펭귄 가격은 순식간에 80% 이상 하락했고, 오픈씨는 투자자 보호를 위해 퍼지펭귄의 거래 중지를 발표하기에 이른다.

퍼지펭귄 고래 9×9×9는 프로젝트 운영 경비가 거래소 지갑으로 인출된 것에 의문을 제기했고, 홀더들은 파운더 교체를 강력하게 주장했다.

새로운 리더십, 루카 네츠의 등장

끝없는 나락으로 빠져들던 퍼지 펭귄은 2022년 4월, 구원자를 만났다. LA의 젊은 벤처사업가 루카 네츠Luca Schnetzler가 퍼지펭귄을 총 750이더리움약 20억 원에 사들인 것. 당시 대부분의 사람들은 무리한 투자라 비판했지만 루카네츠는 NFT Now와의 인터뷰에서 "퍼지 펭귄은 내 첫 NFT였으며, 퍼지 펭귄이 가진 브랜드 잠재력에 큰 흥미를 느꼈다"며 인수 이유를 밝혔다. 그는 퍼지펭귄을 인수하자마자, 대규모 리브랜딩 계획을 발표하면서 다양한 산업계의 사람들로 구성된 자문위원회를 구성했다.

루카 네츠는 퍼지펭귄 인수 뒤 다양한 업계 저명 인사들을 이사회 일원으로 영입했고, 소더비 경매 참여 등 다양한 프로젝트들을 펼쳐나갔다.

그는 퍼지 펭귄 NFT의 성공 모델로 지적재산권IP 비즈니스에 주목하며 관련 프로젝트들을 곧바로 진행했다. 2022년 9월, 어린이 장난감 제조업체인 PMI Toys와의 파트너십을 발표했고, 유명 시리얼 업체인 켈로그와도 콜라보 제품을 선보였다. 소더비 경매에도 '눈에 갇힌 펭귄'이라는 NFT 판매를 통해 12만 9000달러 수익을 거두기도 했다. 퍼지펭귄 자체 마켓 플레이스를 만들며 티셔츠, 후드, 선글라스 등과 같은 굿즈를 독점 판매했다. 새로운 파운더 루카 네츠의 광폭 행보에 시장이 주목했고, 최저 가격도 서서히 상승해 2022년 말 다시 5이더리움을 회복하기에 이른다.

NFT 약세장이었던 2023년 5월에도 퍼지 펭귄은 놀라운 소식을 전했다. 외부 벤쳐투자자들로부터 900만 달러 투자 유치에 성공한 것. 이 중에는 레이어제로 랩스LayerZero Labs, 쿠코인KuCoin 및 코인게코CoinGecko와 같은 유명 기업들이 대거 포함돼 있었다. 투자 유치 발표 뒤 퍼지 펭귄 팀은 "웹3에서 IP 경계를 넓히고, 디지털 수집품의 선구자가 되고, 블록체인을 백엔드 아이템으로 만들겠다"고 발표했다. 아직 시도해 보지 않은 마케팅 분야 진출, 홀더 보호를 위한 보안 강화에 집중하겠다는 의미다. 특히 2023년 월마트에 출시된 퍼지펭귄 장난감과 인형들이 큰 매출 성장세를 보이며 퍼지펭귄의 가격은 19이더리움를 넘어서며 절정의 상승세를 이어나간다. 젊은 사업가의 IP 비즈니스 철학을 묵묵히 수행해 나간 결과물이었다.

디갓(8888개, 2021년 10월 8일, 민팅가: 3SOL, 최고가 10ETH)

솔라나 섬머라는 용어가 있을 정도로 NFT 열풍을 일으킨 건 이더리움보다는 솔라나 체인이었다. NFT 대세가 이더리움 체인으로 넘어갔지만 솔라나는 자체 NFT 시장을 구축하며 제법 탄탄한 입지를 구축해 왔다. 솔라나 체인의 대장주는 디갓DeGods이었다. 솔라나 및 FTX 거래소 창업주였던 샘 뱅크먼의 몰락으로 솔라나 NFT 시장은 급격히 무너지면서 디갓도 이더리움 체인으로 이전했지만 그 전까지 디갓은 이더리움 체인에 맞설 수 있는 유일무이 솔라나 NFT였다.

원숭이와 이더리움이 주도하는 NFT 바닥에 대한 반항심

디갓DeGods은 디젠, 거친 반항아, 부적응자들을 위한다는 취지에서 탄생했다. 디갓 창업자 프랭크 디갓Frank DeGods은 BAYC의 성공으로 지속되는 NFT시장의 원숭이 메타에 염증을 느꼈다. 그래서 원숭이가 아닌 인간이 중심이 된 NFT 발행을 계획한다. 대세인 이더리움보다 20~30대 젊은 층이 많이 사용하는 솔라나 체인을 선택, 반항아 이미지를 더 키우고자 했다.

솔라나 입장에서도 반가운 일이었다. 솔라나 벤쳐스, FTX 벤쳐스에서 700만 달러를 투자하는 등 전폭적인 지원이 이뤄졌다. 실제 디갓 홀더 면모를 보면 솔라나 공동 창업자, 매직에덴솔라나 중심 NFT 거래소 공동설립자 등 솔라나 계통 인플루언서가 대거 참여하며 확실히 힘을 실어줬다.

디갓의 총 수량은 1만 개로 발행됐다. 현재는 9465개다. 소각 시스템으로 545개가 사라졌으나, 최근 비트코인 체인에서 소각된 545개가 추가로 발행됐다. 특성은 커먼과 언커먼, 래어, 슈퍼 레어 및 미스틱으로 구성된다. 컬렉션 중 가장 희귀한 특징은 메두사 헤드이며 단 25개만 존재한다.

반복되는 원숭이 테마에 질려 디갓은 사람을 중심으로 한 NFT를 출시했다.

이런 기대감을 업고 2021년 10월 8일 민팅을 시작했다. 하지만 기술적 결함이 발생하면서 악성 해킹 봇Bot이 침투, 7초 만에 매진되고 형편없는 가격에 투매가 나오는 사태가 벌어졌다. 가장 기본인 민팅 시스템조차 구비하지 못했다는 비난, 다른 의도가 있었던 것 아니냐는 음모론까지 더해졌다. 이런 비난은 2021년 연말까지 이어지면서 프로젝트는 활력을 잃었고, 일부 개발자들은 퇴사했다. 그럼에도 프랭크는 강력한 리더십을 바탕으로 다양한 아이디어를 쏟아내며 극적인 반전을 이뤄냈다.

NFT 메인 스트림인 이더리움이 아닌 솔라나 체인에서 시작한 만큼 솔라나 체인과 솔라나 NFT 거래소 매직 에덴 파운더들이 적극적으로 지원했다.

페이퍼핸드 방지 시스템

디갓의 초기 성공 요인은 단타 투기꾼 방지용인 PHBT 시스템이다. PHBT는 Paper Hands Bitch Tax의 약자로, '단기 투자자 후려치는 세금' 정도로 해석하면 된다. 디갓은 홀더가 민팅 가격 또는 현재 바닥가격보다 낮게 디갓 NFT를 판매하면 판매금액의 33.3%를 세금으로 부과했다. 이 세금들이 모여 디갓의 최저 가격에 도달하면 프로젝트는 디갓을 매수하고, 해당 NFT는 소각시켰다. 이 과정이 지속되면 공급량이 줄고, 최저 가격도 상승하면서 디갓의 NFT 가치는 점차 상승하게 됐다. 이렇게 545개의 디갓이 소각됐고, 최저 가격 상승에 기여했다.

물론 이 실험이 장기적이진 못했다. 홀더들의 매매 권리를 침해한다는 의견이 제기됐기 때문이다. 그럼에도 PHBT 시스템은 디갓 팀이 최저 가격을 지키려 노력하고, 장기적 관점에서 프로젝트를 관리한다는 이미지를 시장에 심어주는 데 성공했다. 많은 홀더들은 이 전략이 폐지됐어도 자신들의 트위터에 33.3%를 밈처럼 활용하며 팀에 대한 존경심을 표했다.

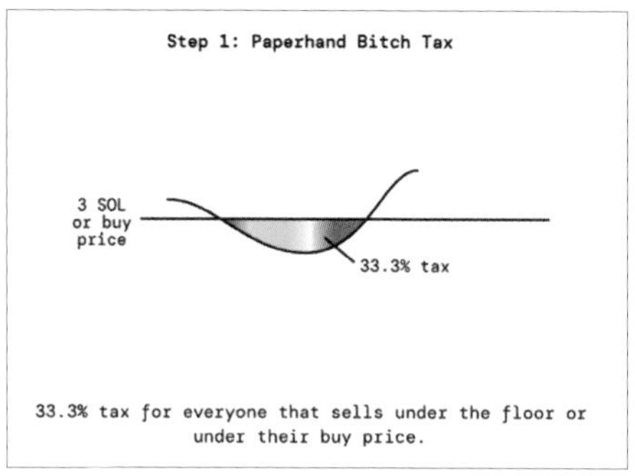

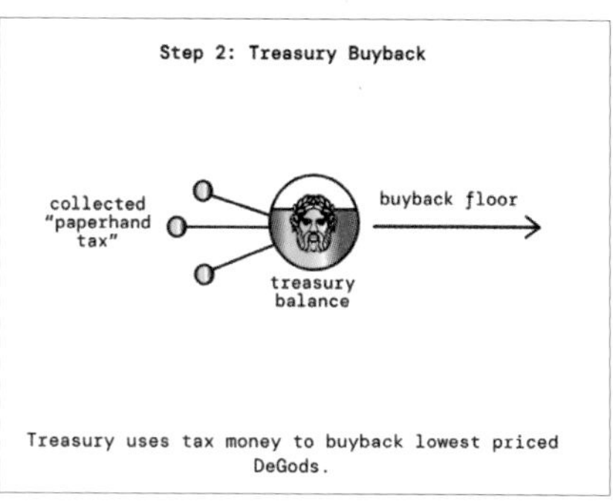

디갓은 페이퍼핸드를 막기 위한 33.3% 세금 전략(민팅가, 최저가보다 낮은 가격으로 판매 시 부과되는 세율)으로 큰 성공을 거뒀다.

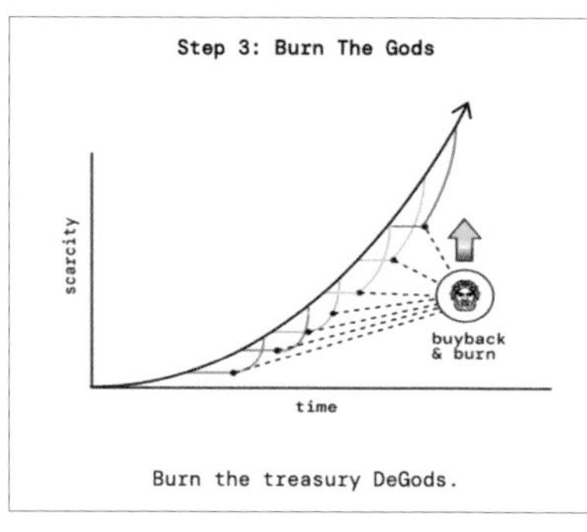

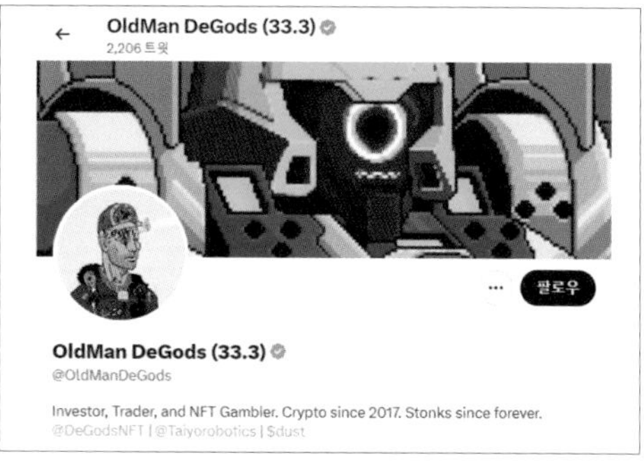

디갓 홀더들은 세율 정책에 호응하기 위해 자신의 프로필 옆에 (33.3)을 붙이기도 했다.

더스트 토큰

PHBT를 통해 강성 홀더 층을 만드는 데 성공한 디갓은 유틸리티 토큰, 더스트DUST를 공개했다. 더스트는 솔라나 기반 토큰으로, 최대 공급량은 3330만 개였다. 더스트 채굴 방법은 디갓과 데드갓 NFT의 스테이킹이다. 디갓은 하루에 1.25더스트, 데드갓은 하루에 3.75더스트를 얻었다. 여기서 잠깐. 디갓과 데드갓은 별도의 NFT가 아니라 같은 세계관을 가진 하나의 NFT다. 디갓은 2022년 3월, 새로운 버전의 디갓을 출시하며 데드갓DeadGods으로 명명했다. 현실 세계의 신에서 죽음의 신으로 변신한, 시각적 효과를 높인 업그레이드 버전이었다. 데드갓이 디갓보다 더 희귀하고 가치가 높으므로 홀더들은 디갓을 소각하고, 비용을 지불해야만 얻을 수 있었다. 바로 이 비용을 더스트로 사용했다. 디갓 팀은 디갓을 데드갓으로 전환하는 용도 외 굿즈, 커뮤니티 이벤트 참여 티켓 비용도 더스트로 활용했다.

디갓 역시 커뮤니티 영향력이 크다. 디다오DeDAO라 불리는 자체 다오 조직은 다오 리더프로젝트 창립자, 알파팀 및 디다오 협의회 세 그룹으로 구성된다. 디다오가 진행한 프로젝트 중 가장 눈길을 사로잡은 건 'Killer 3s'라는 BIG3 3대3 프로 농구팀을 인수한 소식이었다. 2022년 4월 Killer 3s가 자금 모집을 위해 62만 5000달러에 발행한 NFT를 디갓이 모두 사들인 것. BIG3의 공동 창립자이자 힙합 아티스트인 아이스큐브Ice Cube가 디갓 홀더였던 점이 이점으로 작용했다.

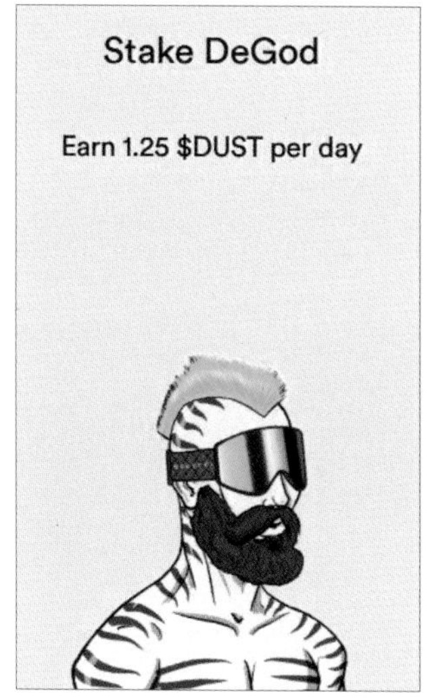

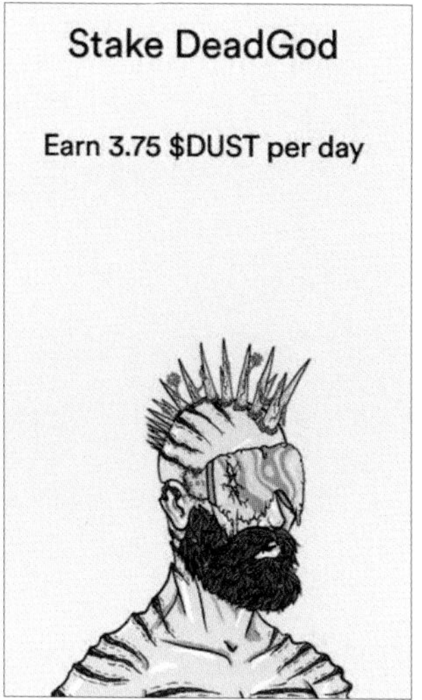

디갓과 데드갓을 스테이킹하면 더스트(DUST) 토큰을 받을 수 있었다.

다오 영향력이 단순 IP에 그치지 않고 스포츠 마케팅으로까지 이어질 수 있다는 점을 보여준 선구적 사례로 꼽힌다.

오랜 기간 솔라나 대장주로 군림해 온 디갓은 2023년 1분기, 이더리움으로 체인을 이동했다. FTX 사태 등 솔라나와 관련된 각종 악재가 터지면서 더 성장할 기회들이 막혀 왔기 때문이다. 더 이상 미룰 수 없는 선택이었다. 디갓은 "이더리움으로의 이전이 목적지가 아닌 가는 길"이라고 표현했다. 디갓은 이더리움 체인으로 이주한 뒤 시즌3 과정에서 어려움을 겪고 있다. 한때 10이더리움에 육박했던 가격도 3이더리움 아래로 무너졌다. 아주키의 사례처럼 큰 차이가 없는 시즌3 아트를 더스트 토큰 비용을 지불하고 변경해야 한다는 점, 자체 사이트에서 공개한 래플 아이템들은 홀더들에게 큰 실망을 안겨줬다. 특히 솔라나 체인을 지키지 않은 배신자 이미지로 진성 솔라나 맥시들에게도 꾸준한 비난을 받아왔다. 솔라나 NFT 투자자들은 거칠고 마초적인 성향이 강하다. 때문에 충성심보다는 자신들의 의견이 강한 편이다. 디갓이 이더리움 체인으로 이주했더라도 홀더들의 강성 성향은 크게 바뀌지 않았다. 디갓이 어떤 노력을 통해 현재의 위기를 극복할지 지켜보자.

메인 트윗
DeGods III @DeGodsNFT · 12월 26일
DeGods will officially bridge to Ethereum in Q1 of 2023.

The bridge is not the destination.

It is on the path to get there.

DeGods is bridging to Ethereum in 2023.

84.7만 493 1,154 3,697

이 스레드 보기

디갓은 2023년 이더리움 체인으로 이동을 공식 발표했다.

02 1세대 블루칩의 몰락

블루칩의 장점은 가격 방어에 있다. 누구에게나 선망의 대상이므로 가격이 하락하면 새로운 매수자가 들어온다. 그동안 쌓아온 명성과 브랜드 가치가 높고, 자본력도 소규모 NFT와는 차원이 다르다. 클론X로 유명한 RTFKT알티팩트는 나이키로 인수되기까지 했다.

하지만 블러라는 새로운 NFT 거래 플랫폼이 등장하면서 상황이 바뀌었다. 7.5%의 안정적이었던 2차 거래 수수료는 0.5%로 급락했다. 2차 거래 수익원이 사라지면서, 매너리즘에 빠져 있던 일부 블루칩 프로젝트들에게 위기가 찾아왔다. MCD 3인방이라 불리는 문버드Moonbirds, 클론X Clone-X, 두들스Doodles들이다. 대부분의 블루칩이 하락세를 맞이했지만 유난히 3개 프로젝트의 하락 폭이 컸다. 어떤 이유에서일까?

문버드(1만 개, 2022년 4월 16일, 민팅가: 2.5ETH, 최고가 40ETH)

2.5이더리움, 약 1천만 원이라는 민팅가격으로 화제를 모았던 문

버드. 너무 비싸 실패할 거란 우려도 컸지만 결과는 대성공이었다. 민팅 당일 순식간에 10이더리움을 돌파하더니 불과 석 달 만에 40이더리움을 돌파했다. 원화로 1천만 원을 투자해 3달 만에 1억 6천만 원까지 다다른 셈이다. 한국 투자자들 중에서도 다계정을 통해 수 억 원을 벌었다는 소식이 전해지면서 2022년 여름밤은 문버드로 뜨거웠다.

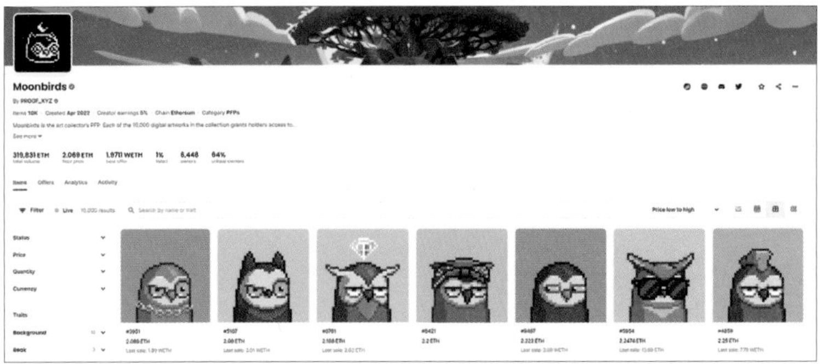

NFT 프리미엄 멤버십

문버드는 프루프PROOF라는 NFT 프리미엄 멤버십을 성공적으로 이끈 케빈 로즈의 2번째 프로젝트다. 케빈 로즈는 20대 시절 온라인 콘텐츠를 제작하고 투표하는 사이트인 Digg.com을 오픈해 큰 성공을 거둔다. 참여자가 제작한 온라인 컨텐츠가 투표를 통해 인기를 끌면 사이트 최상단에 배치되는 구조다. 한국의 네이버 뿜과 비슷하다. 케빈 로즈는 이 프로젝트로 280만 달러를 외부로부터 유치하는 데 성공했다.

그 이후 블록체인에 관심을 꾸준히 가져오던 케빈 로즈는 2021년 NFT 스타트업을 시작했다. 라이언 카슨, 저스틴 메젤과 손잡고 프루프PROOF라는 멤버십 NFT를 만들었고, 홀더 전용 파티 및 NFT 컨텐츠 제작, 각종 알파 서비스 등을 제공했다. 디지털아트에도 관심이 많아 많은 예술가들을 영입했고, 또 예술가들이 프루프 홀더가 되었다. 프루프 멤버십은 1000명의 소수 정예로 운영됐으며, 케빈 로즈의 사업수완을 발판으로 2022년 80이더리움까지 상승하는 등 초고가 NFT 멤버십으로 자리매김했다. 이 성공을 발판으로 케빈 로즈는 좀 더 대중화된 멤버십을 만들 계획을 세웠고, 그 결과물이 '문버드'였다.

문버드는 배경, 몸, 눈, 안경, 깃털, 모자, 외투, 부리 총 8개 속성으로 이뤄진다. 희귀도는 배경차이에서 발생한다. 배경이 투명하면 희귀도가 높다. 문버드 모양이 찌그러져 있어도 희귀도가 높다. 특이한 점은 각 속성에 따라 문버드가 선별한 아트 프로젝트의 제공 레벨이 달라진다. 희귀도가 높을수록 가치가 높은 아트 NFT를 받을 수 있었다. 예를 들어 Enlightened Bird는 1이더리움까지 갔던 콕펀치Cockpunch NFT를 받을 수 있었고, 아무런 속성이 없는 누드버드 홀더들에게는 0.3이더리움 수준의 디파이버드Defybirds NFT를 무료로 배포했다.

문버드는 투명하거나 글리치 스타일의 속성이 비싼 가격에 거래됐다.

문버드는 속성에 따라 무료로 받을 수 있는 NFT 혜택이 달랐다.

최고 NFT멤버십 후광

문버드 성공의 가장 큰 이유는 프루프라는 최고급 멤버십 후광이 있었기 때문이다. 케빈 로즈는 프루프 팟 캐스트에서 문버드 출시를 언급됐고, 프루프 홀더들에게는 2개의 화이트리스트를 보장한다고 밝혔다. 최고급 멤버십 NFT인 프루프 홀더들이 최소 20% 발행 물량은 받쳐준 셈이다. 당시 프루프 홀더 중에는 개리 베이너척, 비플 등 쟁쟁한 웹3 유명인사들이 대거 포진해 있었다. 특히 문버드 홀더들도 프루프 홀더만 입장 가능했던 프루프 디스코드 채널 접속이 가능해 NFT 최고급 정보를 함께 공유할 수 있다는 점도 큰 혜택으로 작용했다.

문버드는 둥지라는 의미의 네스팅Nesting 스테이킹 시스템도 출시했다. 기간에 따라 브론즈, 실버, 골드, 다이아몬드 순으로 나뉘었다. 브론즈는 30일, 실버는 60일, 골드는 실버로부터 90일, 다이아몬드는 골드로부터 180일이었다. 각 등급을 달성할 때마다 각기 다른 혜택들이 주어졌고 시장 기대감도 높았다.

Nest	Reward
Bronze	Moonbirds Snapback or Dad Hat and Stickers
Silver	Moonbirds Fanny Pack, Socks, and Nesting Pins
Gold	Infinite Object and Nesting Pin
Diamond	Diamond Exhibition

문버드 스테이킹 레벨 시 홀더들에게 주어지는 혜택들

뛰어난 알파콜

프루프는 NFT 알파콜 능력도 뛰어났다. 골드만삭스 출신의 NFT 스태틱라는 별명의 샘은 NFT 시장 분석에 빅 데이터를 접목시킨 인물이다. 일간, 주간 레포트는 NFT 시장에 대한 깊이 있는 분석력을 보여줘 시장에서 큰 인기를 끌었다. 문버드 홀더들도 알파콜 내용들을 프루프 홀더와 함께 공유받을 수 있었다.

다수의 화이트리스트 추첨에 참여할 수 있다는 점도 강점이었다. 문버드는 자체 커뮤니티 중 알파콜을 운영하는 커뮤니티가 3개나 있다. 중국인들이 중심이 된 다이너스티Dynasty, 알파버드Alpha Bird 그리고 후트 리스트Hoot list. 모두 독립된 조직으로 운영된다. 인기 높은 NFT 프로젝트가 있다면, 문버드 홀더는 이 3곳에서 화이트리스트를 받을 수 있는 기회가 주어지는 셈이었다. NFT 보유 중 하나가 NFT 투자 아이디어 및 화이트리스트 제공이므로 문버드는 초기 홀더들의 이런 니즈들을 충분히 충족해 줄 수 있었다.

문버드가 프루프와 함께 공유할 수 있었던 알파 채널들

프로젝트의 일방통행 시작

2022년 8월, 케빈 로즈는 문버드 저작권 포기를 발표하면서 프로젝트가 중요한 전환점을 맞는다. 케빈 로즈는 다양한 무료 2차 창작 허용을 통해 웹3 가치를 존중하자는 좋은 취지였지만 시장의 평가는 달랐다. 홀더들은 상의도 없는 일방적 의사결정에 배신감을 느꼈다. 실제로 저작권 포기 이후 중구난방으로 양산되는 복제품으로 문버드 시장 가치가 훼손당하면서 홀더들의 불만은 늘어갔다.

2023년 초에는 홀더들의 큰 혜택 중 하나인 프루프 컨퍼런스가 돌연 취소됐다. 코로나 이후 첫 컨퍼런스에 사람들의 기대가 컸지만 티켓 흥행에 실패해 수지타산이 안 맞자 일방적으로 취소된 것이다. 메타버스 프로젝트인 하이라이즈Highrise 취소, 문버드 자체 토큰 계획도 실정법 이슈를 들며 잠정 취소했다. 문버드 홀더들에게는 일방적 로드맵 이행의 취소로 여겨졌다.

I know that we all have a boner for CC0, and generally I do too, but did Moonbirds just rug away the IP rights that existing owners held?

and brb, gonna make some Moonbirds merch

Kevin Rose @kevinrose · 04.08.22
1/GM.

Today, we're announcing that @moonbirds and @oddities_xyz are moving to the CC0 public license....
Show this thread

We've made the difficult decision to cancel PROOF of Conference this year. We didn't take this decision lightly, nor did we make it quickly. We have spent considerable time pouring over all the alternatives, but ultimately canceling the conference this year was the best choice.

20:01 · 20.02.23 from Earth · **522K** Views

문버드/프루프 팀은 주요 혜택 중 하나였던 NFT 컨퍼런스를 2023년 일방적으로 취소했다.

자금 관리 능력의 부재를 보여주는 사건도 터졌다. 미국 스타트업 자금을 관리해 왔던 실리콘밸리은행의 파산 위기 소식과 함께 문버드 재단 자금의 50%가 해당 은행에 예탁됐다는 사실이 밝혀진 것. 이 소식에 문버드 500개를 보유하던 고래가 한꺼번에 전량 매도했다. 6이더리움 근처였던 문버드는 순식간에 3이더리움까지 급락했다. 해당 고래는 700이더리움의 손해를 입었음에도 실리콘밸리 은행이 부도나면 문버드 프로젝트도 자금줄이 끊겨 투자금이 0이 될 수 있다는 우려에서 투매를 선택했다. 정부에서 실리콘밸리은행의 부도는 막았지만 케빈 로즈는 자금을 제대로 관리하지 못했다는 비난을 받게 됐다.

케빈 로즈는 위기 타개책으로 2023년 3월 프루프와 문버드의 장기 로드맵을 제시하면서 아트 컬렉터를 위한 프로젝트로 변모하겠다고 강조했다. 2025년 멤버십이 소멸되는 프루프는 문버드 장로라는 이름으로 문버드 커뮤니티에 통합하고, 문버드 다오인 루나 소사이어티 운영도 시작하겠다고 밝혔다. 여기서 다양한 의제들이 논의되고 CCO 허용처럼 중요한 의사결정은 팀이 아닌 다오를 통해 결정하게끔 했다. 그럼에도 여전히 최저 가격은 민팅 가격 2.5이더리움을 회복하지 못했고, 방만한 경영으로 수많은 팀원들이 구조조정을 당하면서 프로젝트는 장기 침체 국면에 빠져 있다.

문버드는 2024년 2월 17일 새로운 전기를 맞는다. 케빈 로즈는 "거친 여정을 함께 해준 홀더들에게 감사한다"는 직별인사와 함께 유가랩스로의 인수를 발표한 것이다. NFT업계 거대기업 유가랩스가 문버드를 어떤 식으로 부활시킬지 지켜보자.

두들스(1만 개, 2021년 10월 17일, 민팅가: 0.123ETH, 최고가 20ETH)

두들스는 알록달록 화려한 컬러감과 귀엽고 동글동글한 캐릭터다. 대충 끄적거린 낙서라는 의미의 두들스Doodles는 누구나 갖고 싶은 귀여운 예쁜 캐릭터를 바탕으로 큰 인기를 얻었다. 기존 NFT와 달리 프로젝트 시작 전 그 어떤 로드맵이나 유틸리티를 공개하지 않았음에도 성공을 거둔 이유, 막강한 커뮤니티 파워를 자랑한다는 평가를 받던 두들스가 1세대 블루칩 중 가장 먼저 무너진 배경은 무엇이었을까?

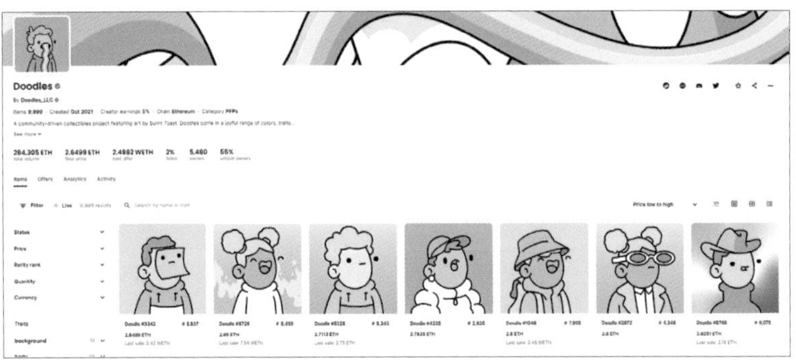

크립토키티, NBA탑샷 성공 신화 주인공

두들스는 크립토 키티와 NBA 탑샷이라는 NFT 프로젝트를 성공시킨 대퍼 랩스Dapper Labs 출신들이 만든 프로젝트다. 화려한 경력의 대퍼 랩스 출신들인 에반 키스트Evan Keast와 조던 카스트로Jordan Castro가 신규 프로젝트 소식을 발표하니 대중들의 기대가 클 수밖에 없었다. '구운 토스트'라는 별명의 캐나다 출신 작가 스캇 마틴Scott Martin가 메인 아티스트로 영입된 점도 화제였다. 그는 이미 스냅챗, 구글, 왓츠앱 등 글로벌 기업과 협업 경험이 있는 저명 아티스트였기 때문이다.

파스텔 풍의 귀여운 캐릭터

두들스는 배경, 몸, 얼굴, 헤어, 머리, 피어싱 총 6가지로 나뉜다. 오리, 공룡, 상어 등 특별한 얼굴과 함께 커피, 무지개, 아이스크림 등 특이한 머리들이 비싸게 거래된다. 전반적으로 파스텔 풍의 귀여운 캐릭터들이다. 스티브 아오키라는 유명 DJ이자 인플루언서가 2022년 1월 269.69이더리움, 한국 돈으로 약 7억 원을 주고 구매해 화제가 되기도 했다.

그냥 귀여워서 구매

두들스는 강력한 색감의 다른 NFT와 달리 파스텔 풍의 화사한 색감을 가진다. 캐릭터들도 예쁘고 귀엽다. 깜찍한 캐릭터 때문에 단순히 예뻐서 구매한 홀더들이 많다. 이것이 성공 이유가 될 수 있을까 싶지만 초창기에는 이런 귀여운 이미지만으로도 구매하는 NFT 투자자들이 많았다.

물론 고도의 절판 마케팅이 가장 성공 요인이긴 하다. 두들스는 디스코드 가입자가 1000명을 넘어서자 디스코드 입장 자체를 제한해 버렸다. 디스코드 입장코드를 받으면 1명당 최대 10명까지만 초대 수를 제한했다. 선착순 입장이므로 초대코드를 공유하자마자 순식간에 입장권이 매진됐다. 두들스 디스코드 입장 자체가 혜택인 분위기를 조성했다. 사람들은 어렵게 입장한 만큼 더 열심히 활동했다. 최대한 많은 사람들을 디스코드로 불러들여 붐업을 시키는 게 일반적인 NFT 마케팅 전략이었지만 두들스는 오히려 그 반대의 전략을 선택했다. 허수를 줄이고 강성 지지자들을 중심으로 커뮤니티를 구축하는 게 더 승산이 있다고 판단했다. 결과는 대성공이었다. 추후 디스코드 초대코드를 제한한 두들스의 전략은 탑 티어급으로 분류된 수많은 NFT 신규 프로젝트들의 벤치마크 대상이 됐다.

소각시스템을 활용한 가치 상승

두들스는 NFT 홀더들에게 무료로 배분하는 NFT의 형태도 달랐다. BAYC는 꼬리에 꼬리를 무는 하위 컬렉션의 무료 제공으로 홀더들에게 큰 수익을 안겨줬다. 이런 과정에서 일부 하위 프로젝트에서는 전체 공급량을 늘리면서 세계관 확장을 가져왔다.

하지만 두들스는 달랐다. 2022년 홀더들에게 배분한 스페이스 두들스Space Doodles는 두들스가 우주선에 탑승해 여행을 즐긴다는 테마였다. 두들스 캐릭터가 스페이스 두들스에 탑승한 개념이므로 NFT는 2개가 아니라 1개였다. 추가로 지급된 게 아니었던 것이다. 따라서 두들스 홀더가 스페이스 두슬스를 판다는 건 자신의 두들스 NFT를 파는 것과 같은 의미였다. 무작정 신규 NFT 발행을 늘리기보다는 기존 1만 개 홀더들에게 계속 다양한 체험 서비스들을 제공하겠다는 팀의 의지가 담겨 있었다. 그리고 희귀도가 낮았던 기존 두들스 홀더들은 스페이스 두들스 교환을 통해 더 높은 희귀도를 얻을 기회가 생겼다. 이는 두들스 라인업의 전반적인 바닥 가격을 올리는 계기가 됐다. 희귀도가 낮은 저렴한 NFT 가격을 없애는 소각시스템이었던 셈이다. 당시 시장에서는 두들스 팀이 세계관 확장보다 전체적인 컬렉션의 가격을 더 신경 썼다는 점에서 큰 지지를 보냈다.

NFTboi가 이끄는 강력한 알파팀

두들스는 강력한 NFT 알파팀도 보유했다. NFTboi라는 알파팀의 키맨은 시장의 유망 NFT 프로젝트와의 협업을 통해 화이트리스트를 확보하는 능력이 탁월했고, 리서치 능력도 매우 뛰어났다. NFTboi가 이끄는 레인보우 알파팀은 홀더들에게 많은 NFT 화이트리스트를 제공해 홀더들에게 큰 수익을 안겨줬고, '두들스=황금알을 낳는 거위'라는 인식을 확실히 심어주었다. 참고로 NFTboi는 Boisalpha라는 자체 커뮤니티를 운영 중이다.

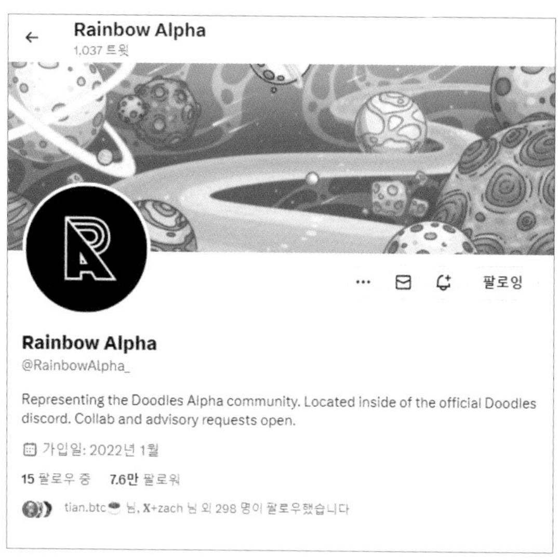

두들스 알파 팀이 운용하는 레인보우 알파, 초기에는 최상위권 알파콜러들이 영입됐었다.

더 이상 NFT 프로젝트가 아니야

두들스가 무너지기 시작한 건 팀이 아이러니하게도 웹3보다 웹2에 중점을 두면서다. 두들스는 골든 울프 애니메이션 스튜디오를 인수하는 등 웹2 비즈니스를 확장해 나가는 과정이었다. 하지만 정작 두들스 NFT 본연의 로드맵 이행은 지연됐고, 홀더들은 다른 NFT 프로젝트와 비교하며 불만들을 드러냈다. 팀은 뒤늦게 두들스 2 계획을 발표했지만 6개월 이상 불통으로 일관한 팀에 대한 지적들이 이어졌고, NFT 가격도 하락하기 시작한다.

NFT 가격 하락에 대한 홀더들의 불만과 요구사항들이 쏟아져 나오자, 두들스 파운더는 말실수를 범하며 찬물을 끼얹는다. Poopie

라는 필명의 파운더 카스트로는 "우리는 미디어 프랜차이즈를 꿈꾸지 더 이상 NFT 프로젝트가 아니라We are no longer an NFT project"는 글을 쓴 것. NFT 가격에 대해 불만을 제기하는 홀더들을 수익만 좇는 투자자로 일갈하고, 진성 홀더들만 챙기겠다는 어른스럽지 못한 발언이었다.

결과는 참혹했다. 시장에서 투매가 이어졌고, 두들스 바닥가격은 2이더리움이 무너졌다. 뒤늦게 두들스팀은 원활한 소통을 약속하고, 양말 테마의 NFT 컬렉션 게임을 출시하겠다고 발표했지만 커뮤니티의 활력은 예전 같지 않았다. 웹2로의 진입을 위해 다양한 비즈니스를 진행한 건 좋았지만, 실제 이 프로젝트가 성장할 계기를 마련한 웹3 고객들을 무시한 대가를 혹독히 치르고 있는 셈이다.

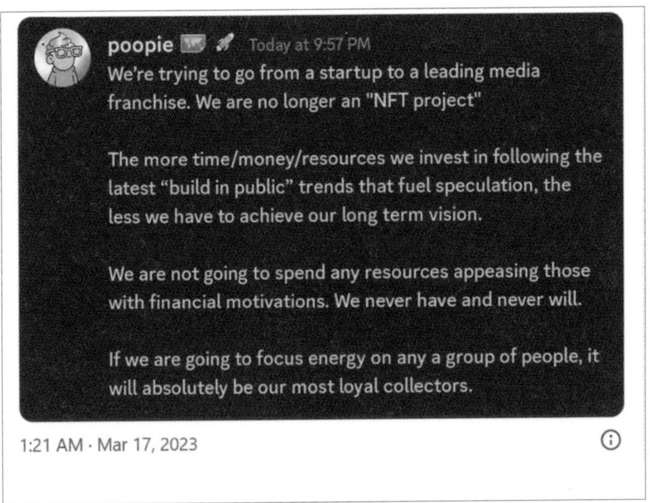

두들스 파운더 푸피가 "더 이상 NFT 프로젝트가 아니라"고 선언하면서 두들스는 위기를 맞았다.

클론X(2만 개, 2021년 10월 17일, 민팅가: 0.05~2ETH, 최고가 15ETH)

NFT는 대부분 2D 아트다. 원조라 불리는 크립토펑크는 말할 것도 없고, NFT시장에서 아트의 진일보를 이끌어냈다는 아주키도 2D다. NFT 프로젝트 자체가 3~4명의 적은 인력에서 시작하니 정교한 3D 아트를 만들기에는 현실적으로 인력과 자금 면에서 불가능하기 때문이다. 그런 NFT 시장에서 거의 유일하게 3D NFT로 성공을 거둔 프로젝트가 있다. 아티팩트RTFKT라는 비주얼 스튜디오에서 설립하고, 현재는 세계 굴지의 그룹 나이키가 인수한 클론X다.

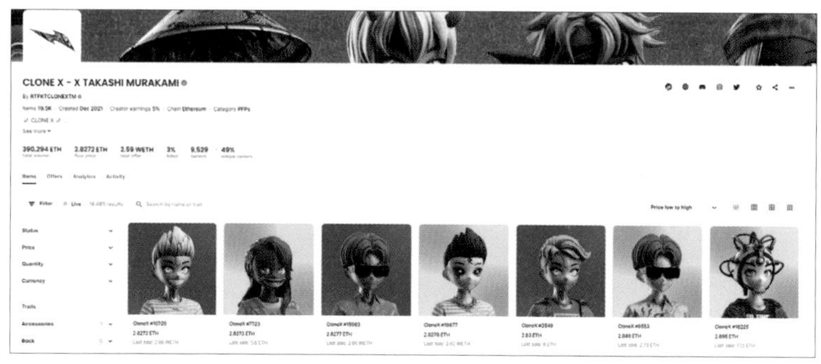

무라카미 상업작가와 아티팩트의 만남

클론X를 살펴보기 전, 아티팩트RTFKT라는 회사를 이해해야 한다. 아티팩트는 2019년 베누아 파고토Benoit Pagotto, 스티븐 바실레프Steven Vasilev, 크리스 리Chris Le 3명이 공동으로 창업한 회사다. 프랑스인인 파고토는 루이뷔통으로 유명한 LVMH 컨설턴트로 근무하면서 패션 쪽에 관심이 많았다. 그곳에서 스티븐과 크리스를 만났고, 최초의 디지털 패션 스니커즈를 만들기로 의기투합, 아티팩트 스타트업이 탄생했다.

사업수완도 좋았다. 나이키 스우시 로고 색상을 스마트폰으로 자유롭게 조정하거나, NFT 판매 시 입찰이 들어올 때마다 색깔이 추가되는 등 흥미로운 시도들을 많이 선보였다. 그들이 내놓은 가상 스니커즈 NFT는 출시 7분 만에 총 300만 달러가 넘는 금액이 판매되며 세간의 화제를 모았다.

아티팩트가 출시한 웹3 스니커즈 시리즈

이 성공으로 무라카미 다사키라는 세계적인 네오팝 아티스트가 협업을 제안했다. 그는 루이뷔통, 보그, 카인 웨스트를 포함한 여러 유명 브랜드 및 아티스트와 협력한 일본 최고 현대 상업 미술가로 꼽힌다. 상업아트에 능한 무라카미와 아이디어가 번뜩이는 아티팩트와의 만남으로 탄생한 프로젝트가 클론X다.

클론X의 총 수량은 2만 개다. 다른 블루칩 대비 수량이 2배 정도 많다. 큰 스케일 만큼 클론X 세계관도 심상치 않다.

"드라코Draco 별자리의 오르비타Orbitar 행성에서 온 3명의 외계인은 클론X라는 회사를 설립한다. 이 회사는 행성으로 여행 온 인간들의 의식을 고급 클론 형태로 옮겨 복제할 계획이다. 진보된 문명에서는 인간들은 신체가 아닌 디지털 클론X 아바타로 대표된다. 이 획기적 기술을 통해 클론은 자신들의 문명을 새로운 은하계로 확장할 수 있다."

이 세계관에서 당연히 주목할 속성은 복제를 위한 DNA다. 휴먼50%과 로봇30%이 대부분 비중을 차지하며, 악마와 천사 등이 그 뒤를 잇는다. 가장 희귀도가 높은 DNA는 외계인과 무라카미다. 무라카미 형질의 클론X 4594는 2022년 2월 450이더리움에 판매되기도 했다. 무라카미 형질은 추후 무라카미 관련 NFT들이 출시될 때 남들보다 우선적으로 접근할 권리가 보장된다.

클론X는 무라카미 형질이 포함된 속성의 NFT가 비싼 가격에 거래된다.

상업 마케팅 전문가들의 만남

클론X는 팀 물량 500개를 제외하고 아티팩트 운동화 홀더들에게 사전 판매로 11만 133개를 할당했고, 나머지 41.8%인 8367개는 공모로 판매했다. 당연히 몇 분 만에 모두 매진됐다. 무라카미라는 저명 아티스트와 가상 스니커즈로 대박을 친 아티팩트RTFKT와의 협업이라는 점이 흥행 비결이었다.

또한 아티팩트는 웹3 활용을 극대화하기 위해 인스타그램, 틱톡, 트위터 등 SNS를 적극 활용했다. 2021년 6월 NFT회사로는 처음으로 틱톡 팔로워 100만 명을 돌파하기도 했다. 그만큼 웹3 커뮤니티를 활용할 줄 알았다. 게다가 무라카미가 클론X의 NFT 아트를 맡게 되자 아티팩트는 이를 대대적으로 홍보했고, 강력한 SNS 파급력은 대단했다.

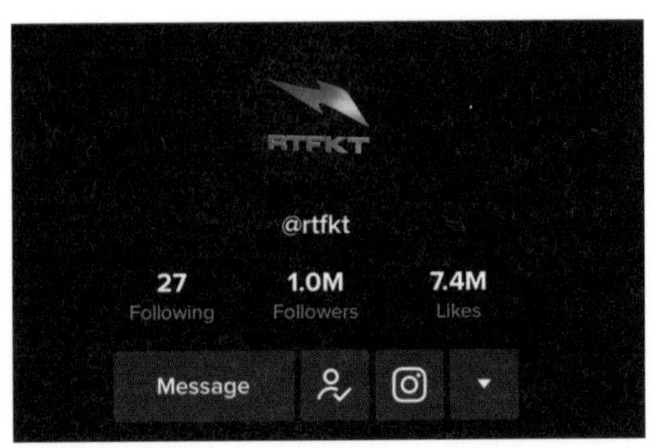

아티팩트 틱톡 팔로워 수는 100만 명을 넘어선다.

지속적인 에어드롭

블루칩의 가장 큰 특징 중 하나는 홀더들을 위한 NFT 무료 배포다. 클론X도 마찬가지였다. 우선 MNLTH모노리스와 SpacePod스페이스포드을 홀더들에게 제공했다. 모노리스는 SF작품 '2001스페이스'에 등장하는 돌기둥 모양의 신비한 물체를 뜻하는 일종의 미스터리 박스였다. 매주 퀘스트를 성공하면 박스 내부에는 총 3개의 아이템이 있었다. RTFKT X 나이키 덩크, 페어링용 스킨 바이알, 그리고 새로운 모노리스였다.

나이키 덩크는 회색과 청록색 조합이지만 페어링용 스킨 바이알을 통해 DNA를 변경하면 새로운 색깔의 덩크를 얻을 수 있었다. 일종의 뽑기인 셈이다. 특히 무라카미 형질의 덩크는 45이더리움에 팔릴 만큼 큰 인기를 얻었다. 모노리스 박스 안에는 다시 모노리스 2탄이 탑재돼 홀더들에게 또 다른 기대감을 계속 이어지게 했다.

클론X는 홀더들에게 제공한 DNA 약물을 통해 다양한 조합의 NFT 신발을 가질 수 있도록 했다.

홀더들에게 배분된 또 다른 NFT는 클론들의 가상 생활 거처인 '스페이스 포드'와 창고, 갤러리로 활용할 수 있는 '루트 포드'였다. 홀더들은 스페이스 포드를 자신이 원하는 스타일대로 꾸밀 수 있고, 다른 홀더의 스페이스 포드로 놀러 갈 수도 있었다. 예전 한국에서 인기를 끌었던 싸이월드 미니홈피와 흡사했다.

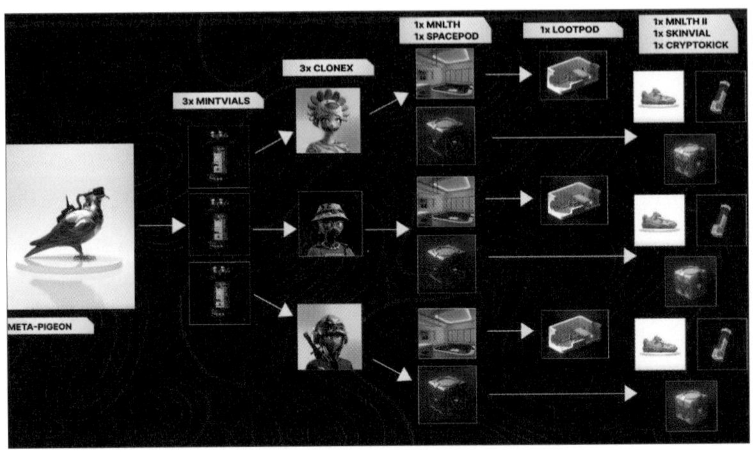

메타 피존 1달러 신발 보유 시 홀더가 무료로 받은 NFT들, 최소 약 4이더리움의 수익이 가능했다.

위 그림은 아티팩트의 메타 피존이라는 1달러짜리 신발을 보유했을 때 홀더가 받을 수 있었던 에어드롭 NFT를 표현한 것이다. 클론X 홀더로 한정해 보면 모노리스 미스테리 박스, 스페이스 포드 등을 합해 약 4이더리움 상당의 NFT들을 무료로 받을 수 있었다.

나이키 인수 뒤 가격 3배 상승

하지만 클론X의 가장 강력한 성공 요인은 나이키의 인수 소식이다. 나이키는 두말할 것 없는 세계 최대 스포츠 브랜드다. 특히 에어조던, 덩크, 에어포스 등 수많은 신발 메이커들은 지금의 나이키가 있게 한 가장 큰 역작들이다. 나이키는 "아티팩트 인수를 통해 나이키의 디지털 혁신을 가속화하고, 스포츠, 예술, 게임, 문화 등 다양한 가치가 혼합된 창의적인 서비스를 제공할 수 있을 것"이라 밝혔다. 실제로 나이키는 2021년 10월 메타버스용 신발 및 의류 특허권을 출원했으며, 같은 해 11월에는 메타버스 게임 플랫폼 로블록스Roblox에 나이키랜드를 개설하는 등 메타버스 공간에 대한 관심이 높았다. 시장에서는 나이키가 아티팩트 인수를 통해 웹3 진출을 너무나 손쉽고 완벽하게 이뤄냈다는 평가를 내릴 정도로 인수 기대감은 컸고, 클론X의 바닥가격도 3배 이상 상승하는 모습을 보였다.

2021년 12월 나이키는 아티팩트의 인수를 공식 발표한다.

웹3 문화를 이해 못 하는 웹2 기업

기대가 크면 실망도 큰 법. 생각보다 아티팩트와 나이키의 만남은 시너지를 발휘하지 못했다. 나이키는 클론X를 인수하자마자 SZN1라는 프로젝트를 시작했다. 홀더들은 티셔츠, 후드, 바지, 모자 등을 포함해 최대 2개까지 해당 굿즈들을 구매할 수 있었다. 하지만 제품 배송도 오래 걸렸고, 품질도 기대 이하였다. 초반에는 실물 배송에서 북미 지역 외는 제외돼 아시아권에서 불만을 제기하고 대거 매도하기 시작했다.

또 현재까지는 나이키라는 큰 후광이 웹3에서 오히려 독이 되는 상황이다. 나이키는 웹2 기반의 주식회사다. 자사 수익이 우선이다. NFT 홀더들을 위한 혜택 고민보다는 회사 운영 수익의 극대화에 더 초점을 맞춘다. 때문에 홀더들은 "나이키가 수익극대화를 위해 홀더들을 너무 이용한다"는 불만이 쏟아져 나왔다. 퀄리티가 낮음에도 포징 이벤트Forging Event로 실물 구매를 부추긴 SZN1 프로젝트가 민심이 틀어지는데 결정적 역할을 했다. 클론X 홀더인 Satvrn은 트윗에서 나이키의 행보와 관련해 2줄의 강력한 비판을 남겼다.

"나이키는 클론X 홀더와의 약속을 충실히 이행할 가치가 없다고 생각한다."

"나이키는 투자금 회수를 위해 홀더 등골 빼먹기에 혈안이 돼 있다."

How I see this to be connected to nike:
1. Nike doesn't think the holder promises are worth fulflling
2. Nike wants a return on their investment, therefore is focusing on extraction
트윗 번역하기
오전 6:19 · 2023년 3월 17일 · **611** 조회수

홀더보다 자사 수익에만 집중하는 나이키를 비꼰 트위터 내용

아티팩트 입장에서는 나이키라는 웹2 공룡기업이 클론X의 날개를 달아줄 것으로 기대했지만 오히려 나이키 수익을 위해 홀더들이 이용되는 상황에 직면한 것이었다. 그럼에도 나이키라는 엄청난 자본력을 바탕으로 한 거대 기업 울타리의 클론X 행보는 당연히 무시할 수 없다. 추후 NFT 시장이 현실 세계 웹2 공간과 접점이 커질 때 과연 클론X가 어떤 모습을 보여줄지 주목할 필요가 있다.

▎조악한 굿즈 상품에 대한 홀더들의 불만들이 트위터를 통해 쏟아져 나왔다.

interview

블루칩 파운더 인터뷰: 자가본드 아주키 파운더

IP를 활용한 수익모델 구축이 필수

Z라고 자신을 소개하는 파운더 자가본드는 중국계 미국인이다. 일본의 검객 미야모토 무사시를 그린 배가본드와 Crazy의 Z를 붙여 자가본드라는 닉네임이 만들어졌다. 자가본드는 아마존과 구글에서 근무했지만 대기업의 부속품 삶에 회의감을 느끼다 이더리움과 NBA 탑샷의 NFT 성공을 접하게 된다. 이후 NFT가 웹3와 웹2의 가교 속에서 하나의 비즈니스를 만들어낼 수 있다고 판단, 자신이 선망했

던 일본 망가의 영향을 받아 지금의 아주키 프로젝트를 성공시켰다. 2023년 한국 KBW 참석 차 방한한 자가본드를 아주키 홀더 서울 밋업에서 만나 NFT 프로젝트의 성공 이유와 앞으로의 비전을 물었다.

NFT 시장의 전반적인 분위기는 어떻나?

NFT는 암호화폐 시장의 영향을 많이 받는다. 암호화폐 시장은 알다시피 2021년부터 어려움을 겪고 있다. 따라서 아무리 제대로 빌드업 되는 NFT 프로젝트라도 이런 거시적인 부분을 무시할 수 없다. 대부분의 블루칩들이 어려움을 겪고 있고, 우리도 예외일 수는 없다. 거시 경제가 회복되고, 암호화폐 시장이 다시 활성화되면 NFT 시장도 돌아올 것이다. 아주키 팀은 우리가 계획했던 로드맵들을 계획대로 이행해 간다면 NFT 상승장에서 홀더들에게 큰 혜택을 줄 수 있을 거라 기대한다.

NFT 프로젝트 성공 이유는 무엇이라고 생각하나?

우리 팀은 늘 커뮤니티를 우선으로 했다. 지금까지 프로젝트를 진행한 방향의 초점은 홀더들의 가치 증진이었다. 프로젝트 빌드업 과정도 커뮤니티에 초점을 맞췄다. 또한 장기적인 비전을 갖고 아주키 만의 로드맵 이행을 묵묵히 진행해 왔다는 점도 성공 요인이라 생각한다. 대부분의 프로젝트는 장기 로드맵 수행이 힘들다. 우리 팀은 재정적으로도 건전하고, 프로젝트를 이행할 수 있는 훌륭한 인력들이 있다. 특히 IP 비즈니스에 집중하면서 아주키라는 탈중앙화된 브랜드를 정립하고 이를 홀더들에게 환원하기 위해 노력해 왔다. NFT가 성공하고 이를 유지하기 위해서는 언제나 커뮤니티가 우선이고 이를 존중해야 한다.

네이버 IPX와의 빈즈 NFT 캐릭터 협업, 일본 애니메이션 제작 등 IP 비즈니스 소식은 익히 접했다. 그러나 이는 팀을 위한 수익이지 홀더들을 위한 직접적 혜택은 아닌 듯하다.

동의할 수 없다. 브랜드 구축이 NFT 보유자 가치를 창출하는 가장 좋은 방법이다. 팀이 커뮤니티의 지지 속에 캐릭터, 컨텐츠 등의 지속 가능한 수익 모델을 구축해 성공하면 NFT는 홀더에게 보다 다양한 무료 혜택들을 제공해 줄 수 있다. 비홀더들은 소외감에 따른 구매 욕구를 느끼게 되고, NFT를 구매하게 된다. 이런 선순환을 통해 팀은 더 많은 마케팅 비용을 지출할 수 있고, 브랜드 노출도가 증가하면 NFT 수요는 더 증가하게 된다. 나는 퍼지 펭귄의 수장 루카 네츠의 IP 비즈니스 빌드업에 전적으로 동의한다. 단순히 밈코인 등 단기 투자자성 이벤트로는 프로젝트가 롱런할 수 없다. 퍼지펭귄의 라이센싱 수익 홀더 공유처럼 IP 비즈니스의 수익원이 홀더들에게 제공되는 방법들도 있을 것이다.

지금은 NFT의 상위 시장인 암호화폐 시장이 어려워 NFT 성장 동력이 부족하지만 추후 시장이 회복된다면 투자자들은 어떤 NFT를 구매할 지 추측해보라. 생전 처음 보는 NFT일까? 아니면 캐릭터, 애니메이션 등으로 노출돼 익숙해진 NFT일까? 우리는 그런 미래를 바라보고 캐릭터 사업과 애니메이션 사업 2가지 메인 IP 비즈니스에 더욱 집중할 계획이다.

프로젝트 러그설, 시즌 2 실패 등 어려움을 겪었다.

첫 번째 위기는 프로젝트 자체보다 이전 프로젝트 러그 경력에서 온 외부 요인이었다. 하지만 2번째 위기인 시즌2 엘리멘탈 프로젝트 실패는 팀 내부적 요인이라 타격이 좀 더 크다. 새로운 자금 유입과 생태계 확장을 위해 아주키 시즌2 개념인

엘리멘탈 컬렉션은 반드시 필요하다고 판단했다. 외부 자금 유치보다는 자체 조달이 의미있다고 생각했다. 하지만 시장의 반응은 아주키와 유사한 아트에 큰 실망을 한 거 같다. 굳이 아주키를 홀딩할 가치가 있느냐는 조롱까지 나왔을 때 팀에서도 이 정도의 실망까지는 예측하지 못했다. 잠을 못 잘 정도로 스트레스를 받고 실패를 인정했다. 실망한 아주키 홀더들을 위해 어떤 혜택들을 더 부여할 지는 팀 차원에서도 계속 고민하고 있다. 하지만 임시 방편들로 땜질식 대응책을 내놓기는 싫다. 커뮤니티 의견을 존중하면서 우리의 원래 계획들을 차츰 밟아 가면서 커뮤니티로부터 인정받도록 노력할 계획이다. 한국 외 홍콩, 싱가포르, 멜버른, 일본, 타이페이 등을 방문해 우리의 계획을 알리고, 홀더들의 의견도 더욱 경청할 계획이다. 성공보다 부활이 더 어렵다는 걸 알고 있다. 하지만 아주키는 언젠가 다시 예전의 모습으로 돌아올 것이다.

PART 05

전업 투자자에게서 얻는 노하우

| NFT 알파방 파운더의 일과

"따르르릉"

오전 10시, 알람이 울린다. 4시간밖에 못 잤다. 찬물에 샤워한 뒤 서둘러 노트북부터 켠다. 노트북은 내 몸과 하나가 된 지 오래다. 새벽 사이 트위터와 디스코드에서 수백 개 DM이 쌓여 있다. 카카오톡에도 안 읽은 메시지가 +999개를 넘어섰다.

아침: 깰 수 있다면 다행

주요 NFT 파트너사들의 메시지부터 챙기고 답변한다. 콧대 높은 NFT 프로젝트 관리자들의 마음을 얻으려면 빠른 피드백은 필수다. 그다음 서치파이 디스코드에 접속한다. 한국뿐만 아니라 미국, 중국, 일본 등 다양한 국적의 참여자들의 관심사들을 확인한다. 이제 번역기로 감당하기 어려워 각 나라별로 팀 관리자들을 뽑아 팀원들로부터 커뮤니티 내 주요 이슈들을 보고 받고 정리한다. 카카오톡을 통해 한국 팀원들에게 일간, 주간 업무 내용을 공유하면서 이벤트들을 챙긴다. 업무 지시가 마무리되면 중국, 일본, 싱가포르 등 아시아 시간대의 NFT 프로젝트 관계자들과 트위터, 디스코드 등을 통해 다양한 NFT 관련 정보들을 교환한다.

오후: 본격 DM 확인 및 밀린 숙제 완료

오전이 후딱 지났다. 점심은 간단히 먹거나, 게임업체 등 웹2 업체들과 오프라인 미팅 때 식사자리를 가진다. 이런 미팅을 통해 NFT 컨설팅 등 다양한 수주 기회를 얻는다. 이동 기간이나 휴식 시간에도 끊임없이 DM을 확인한다. 어느 순간 어떤 중요한 DM이 올 지 모르기 때문에 24시간 초긴장 상태를 유지한다. 누구나 기대하는 NFT 프로젝트는 엄격한 기준으로 협업 여부를 심사한다. 수많은 다른 국내외 NFT 알파 커뮤니티에서도 나와 마찬가지로 프로젝트에 협업 요청을 하므로 기회를 꼭 살려야 한다는 강박이 있다. 운 좋게 회신이 빨리 오면, 그 피드백은 1~2분 내로 이뤄져야 승산이 높다.

저녁: 퇴근 시간 무렵 살아나는 커뮤니티

저녁이 되면 더 바빠진다. 커뮤니티 회원들이 퇴근할 시간이라 채팅 화력이 높아진다. 이제는 NFT 정보 교환 외에도 가족 송사, 회사 업무 고충 등 다양한 얘기들이 오간다. 웹3 공간이기에 익명성이 보장돼 오히려 더 깊은 고민들도 들을 수 있다. 이런 과정 속에서 유대 관계가 더 공고해진다.

짬짬이 다양한 커뮤니티와 협업을 통해 확보한 화이트리스트들을 래플 시스템에 등록하고, 헬프티켓 채널을 통해 회원들의 건의 사항들을 처리한다. 중요한 래플 정보는 별도 공지를 한다.

밤~새벽: 본격 업무 시작

NFT 민팅은 한국 밤 시간에 많이 진행된다. 기대가 큰 프로젝트는 디스코드 내 보이스채널(Voice Channel)을 개설해 서로 정보를 나누면서 상황을 지켜본다. 결과가 성공적이면 같이 환호하고, 실패하면 다음을 기약하며 격려한다. 그 와중에도 틈틈이 트위터와 디스코드 DM은 계속 체크한다. 커뮤니티 회원 중 미국에 거주하거나 통역에 능통한 친구의 도움을 얻어 해외 컨퍼런스 콜도 자주 한다. 해당 NFT의 메인 파트너사로 참여할 수 있는 지, 어떤 형태로 이벤트를 진행할 지를 논의한다.

이런 업무들이 마감되면 새벽 3-4시 사이이다. 잠 들 시간이지만 다시 한번 NFT의 중요한 이슈들을 점검한다. 최근 주목받는 얼리콜(Early Call)은 무엇인지, 비트코인 NFT처럼 또 다른 NFT 메타가 있을지 다양한 웹3 친구들과 대화를 나눈다.

이제 눈꺼풀이 감긴다. 다시 커뮤니티를 방문해 인사를 나누고 대화하다 보니 새벽 6시다. 창문 틈으로 빛이 스며든다. 마지막으로 새로운 NFT 래플을 시스템에 등록한다. 이제 고개를 들기도 힘들다. 조금만 자야겠다. 이렇게 노트북 앞에 엎드린 채 잠든다.

NFT 알파 커뮤니티 서치파이 파운더인 필자이정진의 일과다. 전 세계 대부분의 NFT 전업 투자자들이 이런 삶을 산다. NFT 시장도 암호화폐처럼 24시간 돌아가지만 이들은 24시간이 아깝다고 말할 정도로 열심이다. NFT에 진심인 전업 투자자들로부터 현장 노하우를 전수받아 보자.

01 NFT 옥석 가리기

NFT 시장도 수년의 사이클을 거치면서 NFT 프로젝트의 빌드업 과정도 큰 변화가 생겼다.

1년 반 전에는 장밋빛 청사진과 과장 광고를 통해 높은 인기를 조성했다. 1이더리움 이상의 비싼 발행 가격, 최소 공급량 1만 개 이상이었다. 민팅만으로 큰돈을 벌 수 있었다. 지금은 사실상 역사 속으로 사라진 팬텀PXN 네트워크는 민팅으로 최소 1만 이더리움을 벌었다. 당시 이더리움 가격이 400만 원이었으니 최소 400억 원 수익을 얻은 셈. 그러나 성공 이후 팀은 여러 핑계를 들며 로드맵 이행에 미온적이었고, 시간이 지나면서 투자자들은 프로젝트를 떠나게 됐다. 초기에 약속했던 계획들은 다 공수표였다.

이를 반면교사 삼아 최근 NFT 프로젝트들의 접근 방식은 다르다. 투명성을 중시한다. 팀 물량, 팀원들의 근무 경력 등을 모두 공개하고 시작한다. 마케팅 전략도 인플루언서 홍보가 아닌 커뮤니티 빌드업에 초점을 맞춘다. 입소문을 통한 홍보가 오래 걸리지만 훨씬 견고하다는 걸 알기 때문이다. 민팅 가격도 저렴하게 책정한다.

0.5~1이더리움의 너무 비싼 가격보다는 0.01~0.05이더리움의 저렴한 민팅 가격 또는 무료 민팅을 택한다. 투자자들이 부담 없이 투자할 수 있고, 바닥 가격이 민팅 가격보다 낮아져도 투자자들이 매도할 가능성이 그리 높지 않기 때문이다.

공급량 1만 개도 이제 보기 드물다. 적을 땐 350개, 보통은 3000개 수준으로 진행한다. 프로젝트 팀이 공급량을 1만 개로 책정했다 20%도 채 팔리지 않으면 결국 공급량을 낮추는 등 민팅 과정에서부터 프로젝트가 동력을 잃을 가능성이 높기 때문이다.

| NFT 옥석가리기 노하우 6계명

1. 적은 공급량 및 낮은 민팅 가격: 프로젝트가 민팅을 통한 자금 조달 의도 보이면 패스
2. 공식 홈페이지 및 NFT 아트 퀄리티 확인: 팀 개발진들 역량을 공식적으로 확인 가능
3. 독싱(Doxxing): 팀원들의 과거 경력 공개(블리자드 아티스트, 유명 애니메이션 작가 등)
4. 커뮤니티 활성화: 다수의 신규 계정, 단답형 글이 많으면 Bot일 가능성이 높아 패스
5. 타 NFT 프로젝트 팀원들의 팔로우: 주요 NFT 빌더들의 응원과 지지 확인
6. 펀드레이징(https://www.crunchbase.com/): 제도권 자금 확보로 프로젝트 성장성 확인

02 롱런 투자 비법

NFT 투자에서도 비법이 존재할까? 자신만의 원칙이 가장 중요하지만 성공한 투자자들의 선례를 참고하는 건 시행착오를 줄일 수 있다. 1.3이더리움으로 시작해 100만 달러를 벌어들인 인플루언서 스켑티Skepti는 자신의 트위터에 NFT 투자 원칙을 공개한 적이 있다. 여러 투자 원칙 중 가장 참고해 볼 만한 글이라 공유한다.

Skepti
@thenftedge

In the last 5 months I turned 1.3 ETH into 1million USD solely by investing in over 100's of NFTs while the overall market was down.

Here are my 8 most important lessons so you can do it too

트윗 번역하기

Net Worth
$1,033,659.21

오전 1:08 · 2022년 3월 4일

1,191 리트윗 164 인용 2,644 마음에 들어요 1,130 북마크

NFT 인플루언서 스켑티가 밝힌 NFT 투자 노하우

| NFT 투자 노하우 6계명

1. 페이퍼 핸드, 단기 투자만 하자
2. NFT 라이프 사이클을 활용하자(리빌 전 매도, 리빌 후에 구매)
3. 파생작은 인기가 높아도 재미로만 투자하자
4. TOOL을 활용하자
5. 인플루언서를 믿지 말고, 고래 지갑을 추적하자
6. 거시적 관점도 참고하자

되도록 단타로 접근할 것

NFT 투자는 단기적 관점에서 접근해야 한다. NFT 시장에서 독보적인 존재 가치를 보여줄 이른바 블루칩3% 미만만 장기 보유하고, 나머지는 모두 단타로 접근해야 한다. 또한 장기 투자 전략을 단기 투자로 바꿀 순 있어도 그 반대는 금물이다. 아무런 가치가 없어도 보유하다 보면 정이 들어 매도가 어렵다. 단기 투자 시에는 인기도Hype와 거래량 수준을 꼼꼼히 체크한 뒤 유동성이 높아질 때 매매하는 것이 좋다.

NFT는 리빌 전에 팔자

NFT는 민팅 시작 시점과 마무리 시점, 리빌이 이뤄지는 시점을 전후로 거래가 활발하다. NFT를 팔려면 민팅 직후 또는 리빌 직전이 좋다. 명확한 통계는 없지만 투자자들의 70%는 리빌 전 NFT를 매도하고, 30% 투자자들은 리빌을 확인한다.

리빌 뒤 아트 퀄리티가 훌륭하거나, 본인의 NFT 희귀도가 상위

10% 안에 든다면 훨씬 비싼 가격에 매도할 수 있다. 하지만 리빌 뒤 아트 퀄리티가 기대감에 못 미치고, 자신의 보유 NFT 희귀도가 낮다면 오히려 리빌 전보다 훨씬 낮은 가격에 팔아야 한다. 안전한 투자를 위해서는 리빌 전 매도가 옳다.

단타가 아니라 장기 보유 목적이라면 프로젝트가 성숙기에 다다랐을 때 매도해야 한다. 이미 수익이 크게 난 상황에서 버티는 게 쉽지 않지만 100개 중 3개 정도는 이런 전략을 가지는 게 필요하다. 예를 들어 문버드 NFT는 민팅 가격이 2.5이더리움이었지만 3개월 뒤 40이더리움까지 다다랐다. 바로 팔았어도 수익이 가능했지만, 3개월을 버텼다면 거의 37이더리움을 벌 수 있었다. 원화로 계산하면 9000만 원이 넘는다.

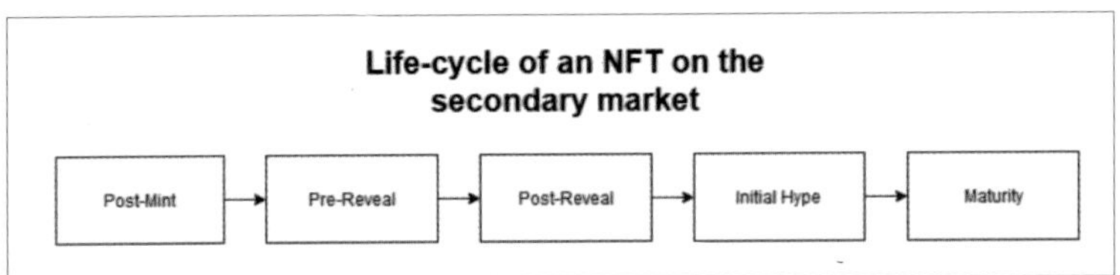

NFT 투자를 위해 참고해야 할 라이프 사이클, 주로 리빌 전(Pre-Reveal)과 초기 하이프(Initial Hype) 전에 판매하는 게 유리하다.

파생작들은 재미로만

오픈씨 거래소를 보면 가끔 블루칩과 비슷한 그림들을 보게 된다. 해당 프로젝트의 후속 작품으로 오인할 수 있지만 결코 아니다. 블루칩의 인기를 모방한 아류 프로젝트들이다. 오리지날 프로젝트의 인기에 편승해 돈을 벌려는 얄팍한 수작이다.

물론 오픈씨에서 저작권 훼손 문제가 있다 판단되면 자체 검열을 통해 거래가 금지된다. 하지만 문버드 같은 프로젝트는 일찌감치 저작권 권리를 포기했고, 나머지 대부분 프로젝트들도 소송보다는 일종의 밈으로 즐기는 편이다. 이런 밈 성격의 프로젝트들은 단기적으로만 접근하자. 팻주키는 민팅가 0.0068이더리움으로 시작했지만 최고가격은 0.1이더리움에 육박하는 등 수익률은 10배 이상이었다. NFT 이해도가 낮은 투자자는 이 정도 상승하면 아류작도 성공할 수 있지 않을까 착각하지만 딱 거기까지다. 리빌 직전 판매가 옳은 전략이다.

아주키의 짝퉁 버전, Fatzuki, 뚱뚱한 아주키가 컨셉이었다.

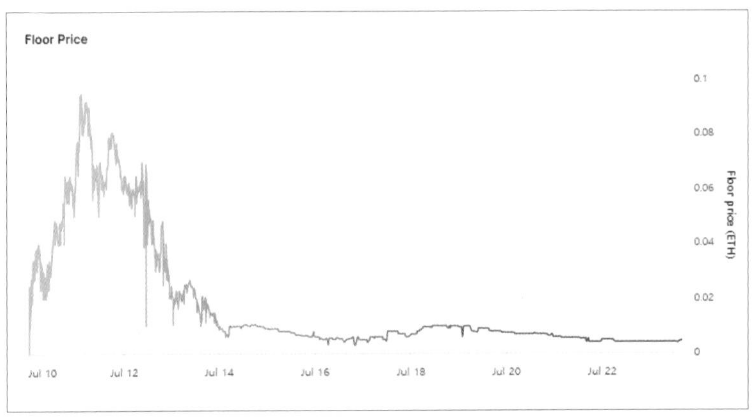

Fatzuki는 초반 잠시 인기를 누렸으나 리빌 이후 자취를 감출 정도로 가격이 무너졌다.

Tool을 적극 활용할 것

NFT 거래를 보다 편리하게 활용하려면 Tool을 적극 사용해야 한다. 예를 들어 매직캘리https://magically.gg/나 캐치민트https://catchmint.xyz 사이트를 활용하면 현재 가장 핫한 민팅이 무엇인지 한눈에 확인할 수 있다.

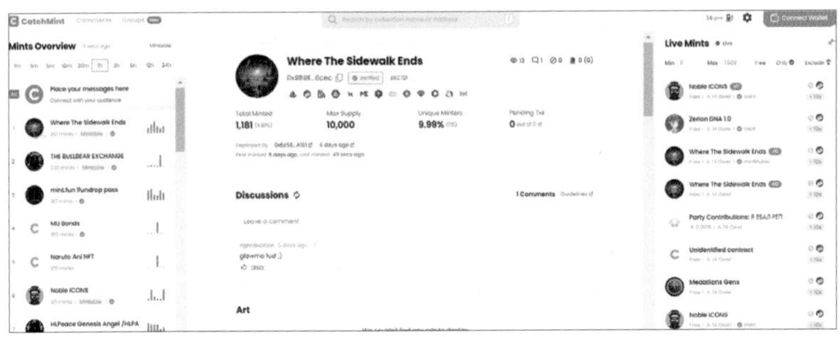

캐치민트(https://catchmint.xyz) 사이트에서는 최신 민팅 트렌드를 한눈에 확인할 수 있다.

선착순이면 메타마스크를 통해 가스비를 높게 설정한 뒤 진행해도 되지만 민팅을 자동으로 실행시켜주는 NFT 썬더https://twitter.com/nft_thunder와 같은 NFT 민팅봇들도 존재한다. 본인이 전문적인 NFT 트레이더 길을 걷고자 한다면 반드시 필요한 툴들이 민팅과 매매 봇이다.

인플루언서를 믿지 마라

인플루언서들도 이익을 추구하는 사람들이다. 높은 팔로워를 등에 업은 광고홍보를 대가로 화이트리스트를 쉽게 얻은 뒤, 민팅을 통해 이익을 챙긴다. 인플루언서는 화이트리스트를 받으면 해당 NFT 프로젝트 관련 홍보 글을 작성하거나, 트위터 래플 시스템을 통해 사람들을 모은다.

이들 중 일부는 트위터 래플을 했음에도 본인의 부계정들에게 당첨권을 주거나, NFT 민팅 후 곧바로 매각해 장기 홀딩을 강조했던 홍보 글과는 배치되는 모습을 보이면서 사람들에게 지탄받기도 한다. 어떤 인플루언서가 진정한 NFT 빌더Builder인지를 체크하자. 인플루언서 공개 저격수로 유명한 zachxbt 트위터https://twitter.com/zachxbt를 팔로우하고 그가 올린 글들을 읽어 보길 권한다.

고래 지갑 추적

고래 지갑 추적도 필요하다. 블루칩 홀더 중에서도 상위 보유 고래들의 거래내역을 살펴보자. 이들이 NFT 시장을 주도한다. 예를 들어 BAYC를 1이더리움에 구입한 고래가 보유한 다른 NFT들은 무엇인지, 그 NFT들의 투자 성과는 어땠는 지를 체크해 본다.

물론 고래들을 실시간 추적해 매매하는 건 어렵다. 따라서 고래들이 어떤 프로젝트에 관심을 갖는지, 이들 지갑에서 공통으로 투자하는 프로젝트는 무엇인지를 파악하는 용도로 활용하자.

거시적 관점도 중요

NFT도 주식투자처럼 거시적 관점의 접근이 필요하다. NFT 투자를 1~4단계로 본다면 사이클 상 초기라면 리스크를 늘리고, 늦게 진입했다면 리스크를 줄여야 한다. 1단계인 내러티브NFT 프로젝트 스토리텔링을 통해 사람들에게 NFT 투자 이유를 설득하는 단계에서는 어떤 프로젝트가 상승할지 예측이 어렵다. 이런 얼리콜을 일반 NFT투자자들이 발견하기도 쉽지 않다. 따라서 2단계 블루칩 급등Blue-Chips Moon과 3단계 파생프로젝트 출현Derivative Mayhem단계에서 리스크를 키워야 한다. 블루칩이 인기를 끌면 아류작들이 쏟아져 나오기 때문이다.

이 사이클을 거친 뒤 죽음의 4단계가 오기 전 시장에서 빠져나가야 한다. 죽음의 단계는 어떤 시그널로 파악할까? 스켑티는 인간 지표를 언급한다. "당신이 하룻밤 사이 예정된 3개의 민팅을 위해 약속을 취소했다면 그때가 죽음의 단계"라고 표현했다. 의역하면 NFT 프로젝트들이 무분별하게 쏟아져 나오는 상황을 의미한다. 스켑티의 말이 100% 옳은 것은 아니다. 하지만 현재 NFT 시장에서 가장 직관적이면서 핵심을 정확히 짚었다.

interview

호라이즌랩스 벤처스 전 언더그라운드 NFT 알파패스 팀 리쌍이 전하는 NFT 매매전략

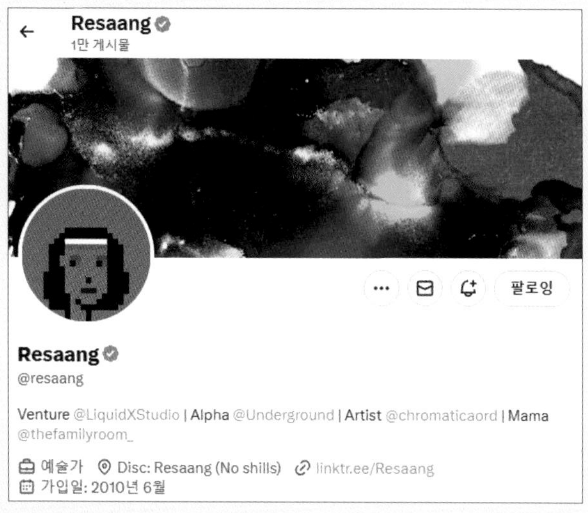

NFT 시장에는 수많은 알파 커뮤니티와 알파콜러들이 존재한다. 그중에서도 가장 탑티어에 꼽히는 NFT 알파 커뮤니티는 언더그라운드다. 언더그라운드팀은 뉴욕대, 스탠포드 등 미국 명문대를 졸업하고, 골드만삭스 등 해외 유명 IB 경험을 살린 제도권 천재들이 의기투합해 만들었다. 팀원 중 1명이 리쌍Resaang이다. 그녀는 뉴욕대에서 재무학을 전공한 뒤 골드만삭스 채권 파트에서 근무했다. 2021년 말부터 NFT업계에 진입해 언더그라운드 팀에서 알파콜러로 활동했다가 호라이즌랩스 벤처스로 이직했다. 특히 예술에 대한 조예가 깊고, 아마추어이지만 태국 무에타이 선수로 6승 1패의 기록도 가졌다. 리쌍에게서 NFT 시장의 매매 전략 팁을 들어보자.

Q. 제도권에 머물다 NFT 시장에 합류했다. NFT업계에 합류하게 된 계기는 무엇인지?

골드만삭스 홍콩 크레딧 트레이딩에서 4년간 근무했다. 아시아 여성 트레이더 6명 중 1인이었다. 정말 치열하게 근무했다. 이후 LA로 건너와 하이일드 채권 파트에서 근무했다. 2021년 헤지펀드에서 암호화폐 관련 업무를 담당하면서 웹3 영역을 공부하게 됐다. 이 과정에서 코로나가 발병했고, 재택근무를 하는 동안 내 아트 작품들을 그렸고, 그림을 판매하기 위해 NFT 플랫폼을 활용해 봤다. 그러다 다른 작가의 아트 작품들을 구매했는데, 어느 순간 해킹을 당해 큰돈을 잃었다. 이를 해결하기 위해 노력했지만 물어볼 사람도 없어 디스코드 여기저기를 기웃거리면서 정보를 알아보기 시작한 게 계기가 됐다.

Q. 제도권 경험이 웹3 세계에서 도움이 됐나?

그렇다. 골드만삭스에서의 근무 경험은 내 이력서를 빛나게 했다. 또한 유명 투자은행에서 근무하면서 배운 리서치 능력들은 NFT 프로젝트 분석에 큰 도움이 됐다. 나는 스스로 시장의 장기 트렌드와 프로젝트 핵심 분석 능력이 탁월하다고 믿는다. 이런 경험들을 토대로 여러 커뮤니티에서 알파콜러로 활동했고, 지금은 언더그라운드라는 알파팀에서 전속으로 활동 중이다. NFT업계에서 최고의 경험과 실력을 가진 언더그라운드 팀원들과 같이 일하게 된 걸 행운이라 생각하며 나 역시 점점 발전하는 동력이 되고 있다.

Q. NFT가 재테크 수단으로서의 금융자산이라고 생각하나?

그렇다. 물론 비트코인, 이더리움 같은 우량 암호화폐가 애매한 중저가 NFT 구매보다는 훨씬 안전하다. 하지만 블루칩은 다르다. 그래서 최고 블루칩 크립토펑크를 구매했다. NFT 상승장이 온다면 크립토펑크가 가장 먼저 상승할 것이란 기대감이 있다. 처음에는 투자 목적으로 접근했지만 장기적인 자산으로 보기에 커뮤니티 이벤트에 참여하고, 홀더들과 소통하는 연결고리를 놓치고 싶지 않다.

Q. NFT 트레이딩, 특히 2차 트레이딩에서 가장 중요한 요소는 무엇인가?

나는 2차 거래보다는 화이트리스트를 보유한 뒤 민팅하는 방식이 훨씬 안전하고 보장된 이익을 얻을 수 있다 강조하고 싶다. 2차 시장은 당신의 신념과 그 유지 기간을 매일 테스트할 것이므로 매우 어려운 투자 영역이다. **그럼에도 2차 거래를 목표로 한다면 자신만의 리스크 허용 범위와 보유 기간을 정해야 한다.**

어떤 프로젝트에 투자하는 지가 중요한 게 아니다. 사람마다 리스크를 허용하는 범위가 다르고, 그에 따른 성과도 다르므로 반드시 자신만의 룰을 만들어야 한다.

예를 들어, 당신이 특정 NFT 프로젝트에 확신을 갖고 있지만 유동성이 필요해 계획보다 빨리 팔아야 한다면 해당 프로젝트 잠재력을 확인하지 못한 채 팔아야 할 수도 있기 때문이다. 특히 아트 영역은 유동성이 적어 돈이 묶일 가능성도 높다.

Q. 현재 추천해 주고 싶은, 앞으로 유망한 NFT를 알려달라.

이미 시장에 알려져 있지만 토큰과 연계된 게임파이 프로젝트들이 뜨겁다. 특히 애니모카와 연계된 프로젝트들이 유망해 보이며, 그 중 모카버스에 주목하고 있고, L3E7, 픽셀 몬스터 등도 주목할 필요가 있다. 하지만 언제나 그렇듯, NFT 프로젝트에 대해서는 스스로 공부하고 분석하는 DYOR Do Your Own Research 이 필요하다.

interview

Ghost DAO 설립자이자 디지털아트 컬렉터, 17마일

17마일 https://twitter.com/project17mile 은 미국에 거주하는 한국인으로, 2017년 크립토펑크 가격이 30만 원이던 시절 3개를 구매하는 등 이른 시점부터 암호화폐와 NFT 투자 시장에 큰 관심을 가져왔다. 특히 그가 주목한 분야는 디지털아트 NFT다. 그는 여러 유망 디지털 작가들과 관계를 유지하며 디지털아트 분야 식견을 키워 왔다. 그는 한국 외 해외에서도 디지털아트 분야에서는 유명인사로 통한다.

캘리포니아 몬테레이 반도의 17마일 드라이브 지역 아름다움에 매료돼 트위터 아이디를 17마일로 정할 정도로 풍부한 감수성을 가진 그는 세계 3대 아트 다오 DAO 플라멩고와 견줄 한국 아트 다오를 꿈꾸는 중이다.

Q. 그랜트 윤(Grant Yun) 소더비 경매 작품을 낙찰받으며 화제가 됐다.

2018년부터 디지털 아트에 대한 관심이 많았다. 여러 작가들 작품을 콜렉팅하면서 작품 보는 안목을 갖게 됐고, 작가들과 유대 관계를 맺으면서 많은 아트 정보들을 얻을 수 있었다. 그 와중에 그랜트 윤의 '최후의 만찬'Last Supper이 소더비 경매로 나온다는 소식을 들었고, 이 작품이 그의 시그니처 컬렉션이 될 것이라는 판단에 참여해 낙찰받게 됐다. 벡터 아트를 이용해 신정밀주의Neo-Precisionism라는 화풍을 만든 그랜트 윤 작가가 NFT 아트 역사에 큰 획을 그을 것이다 예상했다. 벡터 아트는 어도비와 같은 일러스트레이션 소프트웨어로 만들어진 모든 아트워크를 설명하는 용어다. 픽셀 기반 작품은 크기를 키우면 계단처럼 들쭉날쭉해지지만, 벡터 아트는 형태를 그대로 유지하면서 원하는 크기로 확대할 수 있다

낙찰 금액은 9만 5250달러였지만 소더비 수수료 등을 감안하면 10만 달러를 훌쩍 넘는 금액이었다. 이 장품은 내가 주도한 한국 아트 다오의 자금 모집을 통해 공동으로 구매했다. 다오 멤버들이 이 작품의 성장 가능성에 대한 지지가 있었기에 가능했다.

Q. 디지털아트 안목은 어떻게 키워야 하나?

정답은 없다. 일단 자신이 적은 금액이라도 여러 작품들을 구매해 봐야 한다. 그러면서 내가 좋은 화풍 중 어떤 작가들이 시장에서 인정받는지 시행착오를 겪어야 노하우가 생긴다. 나의 작품 수집 시 고려 요소들은 크게 다섯 가지다.

1. 예술적 비전: 특정 예술가가 추구하는 예술적 방향
2. 내러티브와 의미: 개별 작품이 전달하는 독특한 이야기와 메시지
3. 예술적 품질: 작품의 전반적인 장인정신, 기술 및 미적 매력
4. 역사적 중요성: 예술 작품의 문화적, 역사적 관련성
5. 작가의 개성: 작품 뒤에 숨은 작가의 개성과 창작적 정체성

Q. 사례를 언급해 줄 수 있나?

레픽 아나돌Refik Anadol의 '야와나와의 바람'Winds of Yawanawa이 좋은 예다.

1. 그는 데이터와 AI 알고리즘을 사용해 몽환적 콘텐츠를 제작하는 AI 화풍의 선두주자다.
2. 지구온난화로 설 곳을 잃어가는 아마존 야와나와 부족 지원 기금을 마련하기 위해 제작했다.
3. 1000개의 작품이 모두 다르다. Generative Art 측면에서 본다면 모두 희귀도 1인 셈이다.
4. NFT 구입 시 실물작품도 동시에 지급된다. 피지컬 클레임이라는 새로운 트렌드를 만들었다.
5. '현대미술의 정수'로 꼽히는 MoMA 박물관에서 AI가 예술이냐 아니냐 논란이 벌어지는 상황에서 관람객을 처음 맞는 로비에 레픽 아나돌의 AI 작품을 전시

했고, 영구 소장이 결정됐다.

Q. 같은 작가라도 가격이 천차만별이다.

일반적으로 작가의 의지보다 특정 프로젝트 노블갤러리와 같은 디지털아트 패스 NFT 요청으로 제작하는 에디션 작품들은 가격이 낮다. 특정 플랫폼에 한정됐기 때문이다. 하지만 작가 본인의 의지로 제작한 작품 가격은 비싸다. 시간적 제한도 없고, 본인의 작품에 대한 비전, 내러티브와 의미들이 고스란히 담아낼 수 있기 때문이다. 특히 예술 사조에서 의미 있는 영향을 미칠수록 더 그렇다. 그러므로 가격이 비싸더라도 그레일 Grail, 성배 급의 작품을 구매하는 게 업사이드가 더 높다고 본다.

Q. 일반인들이 구매하기는 어려울 거 같다.

인정하는 부분이다. 그래서 다오라는 조직이 필요하다. 십시일반이라는 말이 있듯이 여러 사람이 뜻을 모아 명망 있는 작가의 시그니처 작품을 지금처럼 암호화폐와 NFT 시장 회복기에 수집한다면 추후 상승장에서 큰 수익을 기대할 수 있다. 해외에서는 이미 플라멩고, 둠드 다오 등 유명 아트 다오들이 그레일급 작품들을 수집 중이다. 나는 현재 시장의 선구자가 될 기관투자자들이 0.1%도 이 시장에 참여하지 않았다고 본다.

일반인들도 작품 구매를 하진 않더라도, 다오 멤버로 합류해 다오가 구매하는 작품들을 지켜보는 것만으로도 큰 공부가 된다고 판단한다. 다오 멤버에 합류하지 않더라도 유명 아트 다오 트위터를 팔로잉하거나 데카아트 https://deca.art/ 같은 웹3 갤러리를 통해 유명 콜렉터들의 작품을 감상해 보는 것도 안목을 키우는 데 도움이 된다.

참고자료

PART 02

코인데스크 코리아 레퍼런스, NFT의 역사
https://www.coindeskkorea.com/news/articleView.html?idxno=77648

나무위키, NFT 역사
https://namu.wiki/w/NFT/%EC%97%AD%EC%82%AC

이케하야 인물 정보
https://web3-zen.com/ikehaya

구글 Authenticator 설치방법
https://blog.naver.com/mmvlfmmwxy/223147734312

PART 04

아주키
https://nftnow.com/news/azuki-plans-community-vote-to-revamp-elemental-backgrounds/

퍼지 펭귄
https://nftevening.com/pudgy-penguins-nft-the-good-the-bad-the-ugly/
https://brunch.co.kr/@despread/22
https://news.nftuloan.com/2022/08/14/pudgy-penguins-all-you-need-to-know/
https://www.nytimes.com/2021/08/12/technology/penguin-nft-club.html
https://nftmetria.com/nft-collections/pudgy-penguins/
https://chainwitcher.com/pudgy-penguins/

문버드
https://nftnow.com/podcasts/how-kevin-roses-proof-became-a-250k-collector-

club/
https://nftnow.com/guides/a-guide-to-moonbirds-what-are-these-pfp-owl-nfts/
https://luckytrader.com/nft/proof-moonbirds/guide
https://twitter.com/waleswoosh/status/1663508242079596544

두들스
https://brunch.co.kr/@bommade/41
https://nftnow.com/guides/doodles-guide/

클론 엑스
https://nftnow.com/guides/clonex-nfts-and-the-secret-to-nike-and-rtfkts-success/
https://www.glossy.co/fashion/benoit-pagotto-rtfkt-nike-glossy-50/
https://clonex.rtfkt.com/
https://luckytrader.com/nft/clonex/guide
https://blog.naver.com/grow_n_better/222943410428
https://chainwitcher.com/clone-x-szn1-shipping/

PART 05

스켑티 투자 철학
https://blog.naver.com/fuego22100/222665599643

펑크 캐스트
https://twitter.com/punkcastxyz/status/1727325003342065906

2년 만에 1400배 수익!
놀면서 부자 되는 NFT 실전투자

1판 1쇄 인쇄 2024년 3월 10일
1판 1쇄 발행 2024년 3월 15일

지은이 김정혁(dogotak), 이정진(eth_apple)
펴낸이 이윤규

펴낸곳 유아이북스
출판등록 2012년 4월 2일
주소 (우) 04317 서울시 용산구 효창원로 64길 6
전화 (02) 704-2521
팩스 (02) 715-3536
이메일 uibooks@uibooks.co.kr

ISBN 979-11-6322-124-1 (03320)
값 20,000원